Kekyalyaynen/Shutterstock

EDITORA intersaberes

O selo DIALÓGICA da Editora InterSaberes faz referência às publicações que privilegiam uma linguagem na qual o autor dialoga com o leitor por meio de recursos textuais e visuais, o que torna o conteúdo muito mais dinâmico. São livros que criam um ambiente de interação com o leitor – seu universo cultural, social e de elaboração de conhecimentos –, possibilitando um real processo de interlocução para que a comunicação se efetive.

SÉRIE GESTÃO PÚBLICA

DIALÓGICA

Gestão de pessoas na Administração Pública: teorias e conceitos
Juliane Marise Barbosa Teixeira ♦ Maria Tereza Ferrabule Ribeiro

EDITORA intersaberes

Rua Clara Vendramin, 58 • Mossunguê
CEP 81200-170 • Curitiba • PR • Brasil
Fone: (41) 2106-4170
www.intersaberes.com
editora@editoraintersaberes.com.br

conselho editorial ♦ Dr. Ivo José Both (presidente)
Dr.ª Elena Godoy
Dr. Nelson Luís Dias
Dr. Neri dos Santos
Dr. Ulf Gregor Baranow

editor-chefe ♦ Lindsay Azambuja

editor-assistente ♦ Ariadne Nunes Wenger

preparação de originais ♦ Palavra Arteira

capa ♦ Laís Galvão dos Santos (*design*)
atibody, GUNDAM_Ai e BlurryMe/Shutterstock (imagens)

projeto gráfico ♦ Raphael Bernadelli

diagramação ♦ Renata Silveira

iconografia ♦ Celia Kikue Suzuki

Dado internacionais de Catalogação na Publicação (CIP)
(Câmara Brasileira do Livro, SP, Brasil)

♦ ♦ ♦

Teixeira, Juliane Marise Barbosa
   Gestão de pessoas na administração pública: teorias e
conceitos/Juliane Marise Barbosa Teixeira, Maria Tereza
Ferrabule Ribeiro. Curitiba: InterSaberes, 2017. (Série
Gestão Pública)

Bibliografia.
ISBN 978-85-5972-586-5

   1. Administração de pessoal 2. Administração pública
3. Recursos humanos I. Ribeiro, Maria Tereza Ferrabule.
II. Título III. Série.

17-10098   CDD-354.81

♦ ♦ ♦

Índices para catálogo sistemático:
   1. Gestão de pessoas no setor público: Brasil: Administração pública 354.81

1ª edição, 2017.

Foi feito o depósito legal.

Informamos que é de inteira responsabilidade das autoras a emissão de conceitos.

Nenhuma parte desta publicação poderá ser reproduzida por qualquer meio ou forma sem a prévia autorização da Editora InterSaberes.

A violação dos direitos autorais é crime estabelecido na Lei n. 9.610/1998 e punido pelo art. 184 do Código Penal.

✦ ✦ ✦

Sumário

Apresentação, x

Como aproveitar ao máximo este livro, xiv

capítulo um   O que nos conta a história, 20

   1.1   O trabalho como extensão humana, 22

   1.2   Capitalismo e as relações do trabalho, 26

   1.3   O cenário das relações humanas com base na literatura, 30

   1.4   A educação continuada como diferencial nas organizações, 33

   1.5   Modelo de gestão com base nas influências de René Descartes, Francis Bacon, Isaac Newton e Sócrates, 39

   1.6   Os três tipos de abordagens que constituíram a administração, 41

capítulo dois   Administração Pública e gestão de pessoas, 62

   2.1   Princípios da gestão pública, 65

   2.3   Modelos da Administração Pública, 72

   2.3   Modelo estratégico de administração, 76

   2.4   A organização de gestão de pessoas, 79

   2.5   Conceitos de *servidor público* e *cidadania* para a gestão, 89

   2.6   A evolução da gestão de pessoas no Brasil, 94

capítulo três   O comportamento humano nas organizações, 112

- 3.1   O ser humano, 114
- 3.2   As organizações e as pessoas, 118
- 3.3   Equilíbrio emocional e avaliação de desempenho, 124
- 3.4   Gestão competente, 138
- 3.5   Motivação e liderança, 141
- 3.6   A comunicação e o poder, 149

capítulo quatro   Gerenciamento de equipes, 166

- 4.1   Líderes e liderados, 168
- 4.2   Equipes de sucesso e felicidade no trabalho, 173
- 4.3   A República Federativa do Brasil: plano estratégico e competências, 178
- 4.4   As organizações privadas e suas competências, 183

capítulo cinco   Sistemas de carreira e remuneração por competência, 196

- 5.1   Conceitos de *cargo* e *salário*, 198
- 5.2   Remuneração e benefícios, 204
- 5.3   Planejamento de carreira, 209
- 5.4   A construção de um sistema de remuneração estratégica, 212
- 5.5   A remuneração por competência e a gestão pública, 215

capítulo seis   Gestão do conhecimento e inovação, 224

Estudo de caso, **239**

Para concluir..., **243**

Referências, **245**

Respostas, **256**

Sobre as autoras, **265**

Apresentação

As constantes mudanças que ocorrem no mundo do trabalho, impulsionadas pela inserção de novas tecnologias, influenciam, inevitavelmente, o comportamento das pessoas.

No ambiente laboral, as pessoas procuram espaços colaborativos e prazerosos para desenvolver suas atividades com qualidade, que é o objetivo das organizações.

Assim, o grande desafio das empresas é propiciar condições para que o setor de gestão de pessoas possa cumprir com seu objetivo de desenvolver e capacitar os colaboradores. Um ambiente em que os colaboradores sabem o que deve ser feito é um dos fatores que contribui para um local de trabalho harmonioso e feliz.

A Administração Pública ainda tem um longo caminho para atender às expectativas da população e proporcionar um atendimento de excelência. Para que isso ocorra, são necessárias pessoas capacitadas e que não fiquem presas somente ao que estabelece o ordenamento jurídico.

Um dos obstáculos na Administração Pública é justamente a forma de contratação das pessoas, que é realizada basicamente por provas em que aqueles que obtêm os maiores índices de pontuação são aprovados – método que basicamente privilegia o campo teórico. E a maioria dos candidatos, quando aprovados no estágio probatório, passam a ter uma conduta de comodismo, pois sabem que a estabilidade garantida impede uma demissão sumária, a exemplo ocorre nas empresas privadas.

Assim, nosso foco principal é fornecer subsídios para que os interessados na gestão de pessoas na Administração Pública, bem como os que atuam nessa área, possam proporcionar um ambiente de trabalho que transmita a sensação de satisfação. Além disso, buscaremos refletir sobre o papel da liderança, que é de extrema importância no desenvolvimento e na capacitação de colaboradores.

Dessa forma, a obra está dividida em dois momentos. Inicialmente, apresentaremos conceitos básicos referentes à história da humanidade, identificando influências importantes nas diversas abordagens apresentadas, as quais contribuíram na formação da gestão pública e de pessoas no contexto brasileiro.

Para analisarmos a gestão pública no Brasil, ainda em um primeiro momento, discorreremos sobre a estrutura administrativa e os princípios e os modelos que permeiam essa estrutura. A compreensão desses aspectos é primordial para que fique claro o que se espera das pessoas na execução de suas tarefas na esfera administrativa pública.

Em um segundo momento, trataremos sobre ferramentas importantes na gestão de pessoas.

Esperamos que a obra contribua para que se alcancem as respostas buscadas no dia a dia, seja nas organizações, seja no cotidiano familiar e social. Enquanto houver dúvidas e humildade para o aperfeiçoamento profissional, estaremos no caminho certo.

Ademais, quando os gestores reconhecerem que cada pessoa merece ser tratada em conformidade com as suas particularidades, maior será a contribuição que cada um poderá oferecer para as organizações.

Por isso, também ressaltaremos a importância da obtenção de indicadores de gestão, principalmente no que se refere ao clima e à cultura organizacional.

Cada um pode contribuir na organização, em outros espaços coletivos e até mesmo em sua individualidade, porque cada pessoa é uma organização. Nesse contexto, também é importante compreender se de fato as ações praticadas trouxeram ou não resultados positivos.

A gestão de pessoas se faz por todos que estão engajados nos objetivos definidos pela organização. É preciso ser um profissional inovador e escutar o som que vem do mundo, que pede produção e proatividade, a fim de que nossa contribuição seja lembrada e sirva de exemplo a ser praticado por outros.

Como aproveitar ao máximo este livro

Este livro traz alguns recursos que visam enriquecer o seu aprendizado, facilitar a compreensão dos conteúdos e tornar a leitura mais dinâmica. São ferramentas projetadas de acordo com a natureza dos temas que vamos examinar. Veja a seguir como esses recursos se encontram distribuídos no decorrer desta obra.

Logo na abertura do capítulo, você fica conhecendo os conteúdos que serão nele abordados.

Você também é informado a respeito das competências que irá desenvolver e dos conhecimentos que irá adquirir com o estudo do capítulo.

Conteúdos do capítulo:

- Modelos da administração pública na busca eficiente do atendimento à sociedade.
- Princípios obrigatórios na gestão pública.
- Modelo estratégico na administração pública brasileira.
- Organização e gestão de pessoas com base na satisfação humana.
- Servidor público e cidadania na gestão pública.
- A evolução da gestão de pessoas e os cenários de transformação social.

Após o estudo deste capítulo, você será capaz de:

1. compreender os princípios da gestão pública e como eles direcionam a administração pública;
2. identificar os modelos patrimonialista, burocrático e gerencial da administração pública;
3. elencar fatores de destaque no modelo estratégico de administração;
4. reconhecer nos modelos de gestão de pessoas a utilização do modelo estratégico de administração;
5. diferenciar agente político, agente público, servidor público, e empregado público.

O surgimento de um modelo que propusesse uma reforma neste tipo de regime teve a influência de três grandes nomes para a Administração: Woodrow Wilson, presidente norte-americano e suas propostas de estruturação da administração pública e separação entre política e administração; Frederick Taylor, engenheiro norte-americano e sua preocupação com a produtividade e eficiência na realização das atividades; Max Weber, sociólogo alemão estudioso dos tipos de sociedade e das formas de exercício de autoridade que desenvolveu o modelo burocrático com base nas características de formalidade, impessoalidade, legalidade, especialização, profissionalismo, dentre outras (Marini, 2004).

De acordo com Leocura et al. (2010) é possível identificar três momentos pelos quais passou a administração pública brasileira: a Administração Patrimonialista, anterior a 1937; a Administração Burocrática, entre 1937 e 1995; e a Administração Gerencial, pós 1995 até o presente momento. A evolução destes modelos foi gradual e não excludente, percebendo-se ainda hoje as três influências na Administração Pública. [...]

Fonte: Lemos; Bersi; Palmeira, 2014.

— Para saber mais

Os textos abordam os processos burocráticos brasileiros em sua trajetória histórica.

O primeiro texto, de Aragão, apresenta um debate que faz relação entre a burocracia e a eficiência, como fatores imprescindíveis na gestão pública. Da mesma forma, o segundo texto, de Paiva, analisa os cenários da gestão pública brasileira e a necessidade na implantação de processos burocráticos na busca da eficiência, inclusive fazendo uma retrospectiva histórica desde a década de 30.

Você pode consultar as obras indicadas nesta seção para aprofundar sua aprendizagem.

ESCOLA BRITANNICA. **Constituição.** Disponível em: <http://escola.britannica.com.br/article/481046/constituicao>. Acesso em: 10 out. 2017.

EVOLUÇÃO histórica da ARH no Brasil. Disponível em: <https://pt.slideshare.net/BernardoLima1/arh-2-evoluo-historica-do-rh-no-brasil> Acesso em: 10 out. 2017.

UNE – União Nacional dos Estudantes. **Linha do tempo.** Disponível em: <http://www.une.org.br/descomemoracao dogolpe/#/step-124>. Acesso em: 10 out. 2017.

Síntese

Neste capítulo, verificamos que a administração pública no cenário de transformação da sociedade – no que se refere ao mundo do trabalho – sofreu influência dos novos modelos da administração, que tinham como pontos principais atuar de forma organizada e gerenciar as pessoas com o propósito do aumento de capital e, na gestão pública, atender às expectativas dos usuários desses setores.

O trabalhador deixou de ser um reprodutor de movimentos para fazer parte do processo e da criação de ações, mudança que também ocorreu na gestão pública.

No que tange à gestão pública, abordamos os princípios da administração, previstos na Constituição Federal, em seu art. 37. Também apresentamos os modelos que já estiveram presentes na gestão pública: o patrimonialista, o burocrático e o gerencial. O gerencial se apropriou das ferramentas da administração privada, as quais foram respectivamente adaptadas aos organismos públicos em conformidade com a legislação.

Esclarecemos que a expressão *servidor público* carrega semelhanças com o significado da palavra *servir*, que se encontra interligada com o termo *cidadania*.

Você dispõe, ao final do capítulo, de uma síntese que traz os principais conceitos nele abordados.

> Com estas atividades, você tem a possibilidade de rever os principais conceitos analisados. Ao final do livro, as autoras disponibilizam as respostas às questões, a fim de que você possa verificar como está sua aprendizagem.

Questões para revisão

1. Suponha que você trabalha em uma empresa de arquitetura no cargo de gestor e foi incumbido de fazer um projeto de paisagismo em um hospital, mas ainda não tem uma equipe formada para o trabalho. Indique as competências necessárias aos integrantes da futura equipe que fará parte do projeto.

2. Segundo Miyashita (2015), é a capacidade do líder em estimular a integração entre pessoas, as trocas de experiências, a cumplicidade e a cooperação por meio da proximidade dos níveis organizacionais, do relacionamento interno e também do investimento em capacitação e treinamento. Cabe ao líder retroalimentar a motivação e a qualidade de serviço da equipe principalmente por essa ação. A qual ação se refere?

3. Relacione os conceitos a seguir aos respectivos significados e assinale a alternativa que apresenta a sequência correta:
   a. Escolas e universidades
   b. Agências de recrutamento
   c. Associações profissionais
   d. *Site* da empresa ou de outras empresas e consultorias especializadas.
   ( ) Recrutamento pela internet.
   ( ) Órgãos de classes como OAB, CREA, CRA e outros que disponibilizam em seus *sites* oportunidades de emprego.
   ( ) *Site* com banco de oportunidades no qual as empresas também são convidadas a participar de eventos internos ofertando as vagas.
   ( ) Especializadas em segmentos de mercado que buscam profissionais, ou os chamados *Head Hunter* na busca de executivos.

Questões para reflexão

1. As dimensões abordadas no Quadro 1.1 se relacionam com o trabalho que você desenvolve? Justifique.
2. A CLT tem mais de 70 anos. Sob seu ponto de vista, ela ainda continua atendendo às necessidades da atual classe trabalhadora, ainda que tenha sofrido alterações posteriores?
3. Porter (1989) entende que *cenário* é conhecer a realidade em que se está inserido, mas não é certeza de sucesso. É um caminho mais próximo possível do previsível ao qual se desenvolve uma organização ou negócio. Você conhece o cenário organizacional em que se encontra inserido? Consegue traçar seu caminho diante desse reconhecimento?
4. Com o modelo de abordagem administrativa, por volta das décadas de 1960 e 1970, surgiu uma teoria – concomitantemente à expansão dos modelos japoneses de produção e sistema organizacional e suas características mais orgânicas. Indique qual é a teoria e sua importância.

> Nesta seção, a proposta é levá-lo a refletir criticamente sobre alguns assuntos e trocar ideias e experiências com seus pares.

Esta seção traz ao seu conhecimento situações que vão aproximar os conteúdos estudados de sua prática profissional.

Estudo de caso

A gestão do conhecimento na Embraer

[...]

Foco na gestão do conhecimento

A Embraer possui processos em duas linhas de atuação: práticas estimuladas e práticas gerenciadas. "Se trabalharmos somente os processos, não conseguimos evoluir com a questão do conhecimento. É preciso trabalhar as pessoas junto com os processos", disse José Eduardo, engenheiro de desenvolvimento do produto.

Nas práticas estimuladas, não há a obrigatoriedade, ou seja, a pessoa participa porque vê utilidade. "Começamos a trabalhar nessa vertente – práticas estimuladas – com áreas temáticas de conhecimento, como foco na geração e disseminação do conhecimento e no aprendizado", conta José Eduardo. [...]

Fonte: FNQ, 2014.

Já as práticas gerenciadas possuem atividades com início e fim definidos, além de terem foco na aplicação e no registro do conhecimento, ou seja, na incorporação do conhecimento. "As práticas gerenciadas são metas que possuem começo, meio e fim e definem aonde queremos chegar", explica José Eduardo.

Com base no excerto ora transcrito, que apresenta o case da Embraer, podemos constatar que a empresa implantou práticas

capítulo um

O que nos conta a história

Conteúdos do capítulo:

- O trabalho e sua importância na extensão humana.
- A Revolução Industrial e a gestão de pessoas.
- A Independência e as primeiras organizações administrativas.
- Cenários da Administração Pública.
- A educação como diferencial nas organizações.
- A gestão e os grandes pensadores da história.
- Abordagens estrutural, humanística e interativa.

Após o estudo deste capítulo, você será capaz de:

1. compreender o trabalho como uma necessidade de satisfação do ser humano;
2. identificar o cenário no qual a gestão de pessoas se desenvolve;
3. analisar esse cenário com base em autores destacados;
4. aplicar as abordagens estrutural, humanista e interativa.

Neste capítulo, abordaremos o conceito de *trabalho*, passando pelas visões religiosa, econômica e psicológica. Para tanto, apresentaremos os posicionamentos de alguns filósofos sobre a evolução do trabalho e dos processos de gestão – de modo direcionado para a gestão pública –, bem como sobre o papel do trabalhador no decorrer de períodos marcantes para essa área.

1.1 *O trabalho como extensão humana*

Antes de tratarmos dos conceitos de *gestão pública* e *gestão de pessoas*, é importante relembrar um pouco da constituição histórica do trabalho no Brasil.

Desde a época dos pastores de ovelhas, os mais novos aprendiam com seus pais, ou com alguém mais experiente, o ofício da família. Diariamente, assistiam a essas pessoas acordarem cedo, se prepararem e partirem para suas funções, independentemente da importância ou escala social. Carpinteiros, agricultores, ferreiros, enfim, as profissões vão se perpetuando e desenvolvendo à medida que a sociedade evolui e suas necessidades aumentam. E por que isso acontece?

Podemos responder a essa pergunta com base em três **perspectivas**, de acordo com Tolfo e Piccinini (2007):

1. **Religiosa** – Segundo a religião cristã, o trabalho é a forma mais pura e simples de se alcançar a remissão dos pecados; sem ele não seria possível conquistar o Reino dos Céus e, quanto mais pesado e sofrido fosse, maior seria a compensação celeste. Acredita-se que o ócio é propício para o mal e o pecado e que as pessoas devem viver segundo o exemplo de Cristo: trabalhar e servir. Para a Igreja, é um caminho valioso para a salvação e a valorização da vida, fazendo-se o

ser humano útil e servil em reconhecimento à obra de Deus. Ao ser útil, o indivíduo se sente feliz, próspero e realizado.
2. **Econômica** – Para essa vertente, o trabalho é a fonte que gera recursos para a manutenção da vida e da sociedade. Ele nos aproxima da materialidade, da aquisição, da posse e do poder. Considerado uma relação de troca, em que nem sempre as duas partes se sentem satisfeitas, o trabalho caracteriza a venda da força e da capacidade do sujeito. Para Marx (1859), pode ser representado pelo *know-how** de transformar a natureza em prol do benefício e do suprimento das vontades humanas.
3. **Psicológica** – Esse viés tem relação com as nossas aptidões, e o conjunto delas controla nossa individualidade, nos destaca e nos faz compor um grupo social. O bem-estar e a sensação de realização profissional agem diretamente na manutenção da autoestima e na saúde psicológica do sujeito, pois é o valor recebido em troca do trabalho prestado que torna possíveis as experiências em sociedade, a aquisição de bens e serviços e a segurança financeira.

E qual seria a perspectiva mais próxima da ideal? Não existe um modelo fixo para definir o certo e o errado. A ideia aqui é a perspectiva que pesa mais quando atribuímos valor ao trabalho. Para entender essa questão, precisamos olhar para cada indivíduo como um ser individual, com aspirações, desejos e necessidades diferentes; sendo assim, cada um estabelecerá a importância dessas perspectivas para sua satisfação profissional e pessoal.

✦ ✦ ✦

* "*Know-how* é um termo em inglês que significa literalmente "saber como". Know-how é o **conjunto de conhecimentos práticos** (fórmulas secretas, informações, tecnologias, técnicas, procedimentos etc.) adquiridos por uma empresa ou um profissional, que traz para si vantagens competitivas". (Significados, 2017c, grifo do original)

Tolfo e Piccinini (2007) explicam que o trabalhador precisa ter bem definido o sentido resultante do emprego de sua força de trabalho. Em seu texto, os autores reproduziram o Quadro 1.1 para sintetizar como é possível identificar o conjunto de perspectivas pode influenciar o bem-estar e a motivação do trabalhador.

Quadro 1.1 – Dimensões do sentido do trabalho

Dimensão		Trabalho que faz sentido...	Trabalho que não faz sentido...
	Coerência	Permite identificação com os valores da pessoa	Entra em choque com os valores da pessoa
		A pessoa acredita no trabalho que realiza	A pessoa não acredita no trabalho que realiza
	Alienação	É claro quanto ao seu objetivo. Sabe-se por que ele está sendo realizado	A pessoa não sabe por que o está fazendo
Dimensão individual	Valorização	A pessoa sente-se valorizada, é reconhecida por meio do trabalho	O indivíduo não é reconhecido nem valorizado
	Prazer	Prazeroso, a pessoa gosta de fazer	A pessoa não sente prazer no que faz
	Desenvolvimento	Possibilita desenvolvimento e crescimento	Não possibilita desenvolvimento. Não acrescenta nada para a pessoa
	Sobrevivência e independência	Garante retorno financeiro e atende às necessidades básicas	Não citado
		Possibilita liberdade financeira	Não citado

(continua)

(Quadro 1.1 – conclusão)

Dimensão			Trabalho que faz sentido...	Trabalho que não faz sentido...
	Utilidade		Agrega valor e contribui com a empresa	Não agrega para a empresa
			Satisfaz as expectativas da empresa	Não alcança os resultados/objetivos esperados
				É improdutivo
Dimensão organizacional	Organização do trabalho		Não é rotineiro	É rotineiro
			Possibilita a autonomia	É preestabelecido
			Permite pensar e criar	É apenas operacional
			É desafiante	Não desafia nem instiga
	Relações interpessoais		Permite o contato com pessoas	Não há respaldo ou apoio dos colegas
			Desenvolve-se num ambiente agradável	Realiza-se em um ambiente que não muda
Dimensão social	Utilidade		Contribui para alguém e/ou para a sociedade	Não agrega para outra pessoa nem para a sociedade

Fonte: Adaptado de Oliveira et al., 2004, apud Tolfo; Piccinini, 2007, p. 43.

Agora que apresentamos o que faz ou não sentido para a dimensão das questões do trabalho, passaremos a analisar o capitalismo e suas consequências nas relações trabalhistas.

1.2 Capitalismo e as relações do trabalho

Um dos mais importantes pintores franceses, Eugène Delacroix (1798-1863), com sua pintura *A liberdade guiando o povo*, obra de 1830, procurou homenagear as multidões, o povo, uma dinâmica de um novo tempo. Delacroix inaugurou as novas tendências de retratar não somente os atos heroicos e religiosos, mas também o que estava ocorrendo no mundo político e do trabalho. Desse modo, a famosa obra desse pintor passou a ser o símbolo da Revolução Francesa e da democracia.

Figura 1.1 - *A liberdade guiando o povo*, de Eugène Delacroix

DELACROIX, E. *A liberdade guiando o povo*. 1830. Óleo sobre tela. 260 cm × 325 cm. Museu do Louvre, Paris.

Com a vinda do capitalismo, entretanto, o pensamento de Delacroix tornou-se adormecido. Segundo Góes (2009, p. 11),

> quando o capitalismo transformou o trabalho em mercadoria, subordinando o trabalhador ao capital através da extração da mais-valia, quando o tempo do trabalhador passou a ser controlado [...] pelo relógio, colocando na produção músculos, suor e sangue nas longas jornadas de trabalho, a medida da quantidade de valor tornou-se quantidade de trabalho.

Para a Góes (2009, p. 11), no cenário mundial, o capitalismo incorporou o trabalhador como mercadoria, negando a este "a liberdade e o desejo criativo". No capitalismo, não cabia mais a construção do tempo, somente a reprodução cada vez mais rápida e eficiente de valor ao produto. Nesse modelo, o trabalhador não pensava, não construía, não transferia; era parte dos maquinários, e máquinas não têm necessidades e sentimentos; precisam apenas de manutenção, energia e programação para trabalhar e produzir o mais rápido possível.

É inegável que o capitalismo trouxe em seu tempo crescimento econômico ao país, mas as consequências negativas acarretadas refletiram-se – e arriscamos aqui dizer que ainda refletem – em diversos setores da gestão de pessoas.

> Em território brasileiro, logo após o fim da escravidão, os trabalhadores, amparados por ideias e discursos protecionistas, saíram à luta por condições mais dignas de trabalho e começaram e ser incorporados pelas diretrizes anarquistas e sindicalistas. O cenário brasileiro mudou rapidamente. De um lado, o Estado e seus esforços de dirigir e controlar os movimentos trabalhistas, de outro, o vertiginoso crescimento da urbanização e, consequentemente, o modelo consumista, tudo em meio à crise econômica resultante da Primeira Guerra Mundial.

Desigualdade social, estagnação da educação, ausência de profissionalização, guerra, exploração desordenada: o cenário não se mostrava promissor para o desenvolvimento do trabalho no Brasil.

Os movimentos por liberdade e condições mais justas, humanas e igualitárias de trabalho preocupavam cada vez mais o Estado, que, para manter consigo o poder, sentiu a necessidade de regulamentar tanto as exigências dos trabalhadores como as ações que os industriais estavam dispostos a conceder. Essas expectativas e necessidades de regulação legal trabalhista traduziram-se na Consolidação das Leis do Trabalho (CLT), com a expedição do Decreto-Lei n. 5.452, de 1º de maio de 1943 (Brasil, 1943), durante o governo de Getúlio Vargas, oficializando-se o compêndio trabalhista.

> DECRETO-LEI N. 5.452, DE 1º DE MAIO DE 1943
>
> Aprova a Consolidação das Leis do Trabalho.
>
> O PRESIDENTE DA REPÚBLICA, usando da atribuição que lhe confere o art. 180 da Constituição, DECRETA:
>
> Art. 1º Fica aprovada a Consolidação das Leis do Trabalho, que a este decreto-lei acompanha, com as alterações por ela introduzidas na legislação vigente.
>
> Parágrafo único. Continuam em vigor as disposições legais transitórias ou de emergência, bem como as que não tenham aplicação em todo o território nacional.
>
> Art. 2º O presente decreto-lei entrará em vigor em 10 de novembro de 1943.
>
> Rio de Janeiro, 1 de maio de 1943, 122º da Independência e 55º da República.
>
> GETÚLIO VARGAS. (Brasil, 1943)

Foi criada, enfim, uma legislação que comandava as práticas trabalhistas, mas que por si só não fez com que as relações funcionassem como deveriam. Para que as leis fossem aplicadas, cumpridas e úteis, elas precisavam se desenvolver em um cenário fértil.

É importante ressaltar que nada disso está dissociado da gestão na Administração Pública. Nossa história reflete os modelos que operacionalizamos até os dias atuais.

Para saber mais

Para saber mais a respeito da Revolução Industrial, da influência das duas guerras mundiais para proclamar os direitos fundamentais do ser humano e do legado trabalhista brasileiro, consulte os textos a seguir.

Os dois primeiros abordam a trajetória histórica das duas grandes guerras que assolaram o mundo nos séculos XIX e XX e que influenciaram as relações sociais e organizacionais. O terceiro texto contempla o importante marco histórico brasileiro propiciado pelo período do regime militar, desencadeado por meio do golpe militar em 1964.

SÓ HISTÓRIA. **A Primeira Guerra Mundial (1914-1918)**. Disponível em: <http://www.sohistoria.com.br/ef2/primeiraguerra>. Acesso em: 10 out. 2016.

SÓ HISTÓRIA. **Segunda Guerra Mundial**. Disponível em: <http://www.sohistoria.com.br/ef2/segundaguerra>. Acesso em: 10 out. 2016.

SÓ HISTÓRIA. **Ditadura Militar no Brasil**: 1964-1985. Disponível em: <http://www.sohistoria.com.br/ef2/ditadura>. Acesso em: 10 out. 2016.

1.3 O cenário das relações humanas com base na literatura

Quando discutimos relações humanas, sejam elas pessoais, sejam profissionais, entramos em um debate que não finda. Assim, ao analisarmos as estruturas de uma gestão, pública ou privada, em suas diretrizes, suas formas, sua aplicação ou seus resultados, não podemos deixar de considerar o cenário em que a discussão se insere. O entendimento de Porter (1989) sobre *cenário* é que conhecer a realidade em que se está inserido não é certeza de sucesso, mas um caminho mais próximo daquilo que é previsível em uma organização ou um negócio.

Para que seja possível "caminhar" nessa previsão, é essencial que os sujeitos envolvidos nos processos conheçam não apenas o contexto, mas também o sistema de governo, as correntes administrativas, o mercado, as tendências, o negócio e os desafios.

Imaginemos, então, o cenário no qual se desenvolve a gestão de pessoas. Para tanto, primeiramente, examinaremos o conceito dicionarizado de *pessoa*:

---

pessoa

- substantivo feminino

1 indivíduo considerado por si mesmo; ser humano, criatura
2 indivíduo notável, eminente; personagem
3 caráter particular ou original que distingue alguém; individualidade
Ex.: *admiramos muito a sua p.*
4 Rubrica: gramática, linguística.
categoria linguística, ligada esp. a verbos e pronomes, que mostra a relação dos participantes do ato de fala com o(s) participante(s) do acontecimento narrado

> 5 Rubrica: filosofia.
> cada ser humano considerado como individualidade física e espiritual, e dotado de atributos como racionalidade, autoconsciência, linguagem, moralidade e capacidade para agir (Houaiss, 2009, grifo do original)

Pois bem, não há nesse ou em qualquer outro dicionário uma diferenciação quanto à atuação profissional em organizações públicas ou privadas. Correndo o risco – e já caindo nele – de sermos redundantes: pessoas são pessoas. Não se diferenciam pelo caráter administrativo de sua profissão ou pelo lugar onde a exercem.

> Então, desde já, fixaremos uma premissa: a gestão de pessoas em organizações públicas só se diferencia da que é realizada em setores privados em razão da particularidade das leis específicas da Administração Pública.

Entretanto, nosso foco aqui se volta para a forma de gerir pessoas, e não para a aplicação da legislação em organizações públicas. O objetivo é clarear ideias, expor conceitos e apresentar caminhos possíveis na arte de gerenciar pessoas e equipes. Engana-se quem pensa que a Administração Pública é algo fora dos padrões empresariais. O Estado, o governo e os municípios nada mais são do que grandes organizações administrativas em todo o sentido da expressão, e sua distinção está nos processos legislativos.

> O Estado, o governo e os municípios nada mais são do que grandes organizações administrativas em todo o sentido da expressão, e sua distinção está nos processos legislativos.

Voltemos, então, para os cenários. Segundo Schoemaker (1993), *cenário* é uma seleção de probabilidades e prospecções que se desenvolvem com base em uma perspectiva em comum. Contudo, é relevante observarmos outras visões, como a de Godet (1987), por exemplo. Segundo esse autor, projetar um cenário é muito mais do que avaliar incertezas futuras a serem exploradas. Ele afirma que, ao desenhar uma projeção e traçar uma expectativa, obtemos a representação de um futuro possível, estabelecendo-se diretrizes a serem seguidas em busca de um propósito.

Essa ação é essencial para a sobrevivência de uma organização. Schwartz (1996) explica que é com base em uma projeção de cenário que podemos pensar nos rumos futuros e possíveis para determinada organização. Traçando um caminho, elegemos as ferramentas, fazemos escolhas profissionais e pessoais, focamos energia em um projeto, o presente é mantido em crescimento, o futuro torna-se menos imprevisível e estabelecemos uma relação mais segura com o meio. Resumidamente, podemos entender o cenário como um **facilitador de tomada de decisões.** No entanto, é preciso não confundir cenário com estratégia. O **cenário** é desenvolvido com base em estatísticas, tendências e necessidades e sua valia está nas inúmeras possibilidades de desenvolvimento, que variam de acordo com nossas escolhas. A **estratégia**, por sua vez, é uma tática adotada com base em um planejamento.

É importante ressaltar que a análise de um cenário não exclui a possibilidade de fracassos ou perdas, mas podem ajudar a reduzir, evitar e minimizar impactos nos âmbitos administrativos público e privado, dirigindo as tomadas de decisões para caminhos mais previsíveis, legais e seguros. A aplicação de análise de cenário pode ser útil tanto na administração privada quanto na pública.

A história nos mostra, principalmente por influência da segunda etapa da Revolução Industrial – que, na Europa, ocorreu no período entre 1840 e 1870, e somente findou no período da Segunda Guerra mundial, de 1939 até 1945 – que, até meados da década de 1970, as corporações se desenvolviam com base na estabilidade e na manutenção dessa cultura. No Brasil, esse método de trabalho somente chegou no final do século XIX. O crescimento e a estabilidade se consolidaram com o fenômeno vivido no país com o chamado *milagre econômico*, entre 1969 e 1973, período marcado principalmente pelo grande avanço de infraestrutura brasileira e, consequentemente, pela geração de milhões de empregos. De acordo com Lima (2009, p. 21), foi "vital o processo de modernização e racionalização das empresas"; os empresários tiveram de realizar várias mudanças, até mesmo no que se refere à "divisão social do trabalho, nas esferas da administração e da produção".

1.4 *A educação continuada como diferencial nas organizações*

O crescimento acarreta oportunidades e, para que estas possam ser aproveitadas, precisam ser organizadas, desenvolvidas e gerenciadas, caso contrário, tornam-se efêmeras. Com essa preocupação, colaboradores passam a ser parte indissociável de crescimento e sedimentação das empresas no mercado, ganhando dos administradores atenção especial. Já não basta mais somente alguém ser capaz de reproduzir movimentos e procedimentos predeterminados. O novo modelo econômico e profissional carece de colaboradores integrados a objetivos, metas e visão das organizações, ou seja, precisam "pertencer" à organização. O colaborador deve ser muito mais do que mero cumpridor de tarefas; deve transformar e motivar as ações executadas para as organizações e em prol delas.

Chegar a esse objetivo não é assim tão difícil quanto parece. É preciso que a organização tenha bem definido que futuro deseja e que esse rumo seja partilhado com seus colaboradores. Assim, todos reunirão esforços no presente para chegar juntos ao mesmo objetivo no futuro. Perguntas norteadoras podem ajudar nessa definição:

- Para onde eu quero ir?
- Como eu posso chegar lá?
- Quando eu quero chegar lá?
- O que eu preciso ter (ferramentas, estratégias) para chegar lá?
- O que eu preciso fazer para chegar lá?
- Quem eu preciso para me ajudar a chegar lá?

Com essas diretrizes, o próximo passo é traçar um bom planejamento de gestão*. Para Lucena (1995), o **campo político** é um dos fatores que mais provoca instabilidades nas organizações. Isso porque as organizações precisam receber profissionais capacitados pelo sistema educacional, e essa necessidade não consegue ser suprida pelo Estado, principalmente em razão das diversas reformulações do plano de educação que enfraqueceram consideravelmente a formação profissional brasileira ao longo dos séculos. Para esse autor "as intervenções responsáveis por essas instabilidades [...] alimentam o jogo de forças representativas de interesses e práticas veladas antissociais, portanto [são] incapazes de provocar transformações estruturais necessárias" (Lucena, 1995, p. 67).

- Hoje, escolas técnicas esquecidas no começo do século voltaram com novos formatos para preencher lacunas deixadas pela ausência de colaboradores mais qualificados tecnicamente, e não apenas teoricamente.

Em uma sociedade com as necessidades básicas instituídas, por menor que seja o investimento na educação, existe um contexto de se investir no desenvolvimento e na ampliação da formação profissional dos cidadãos. Hoje, as escolas

◆ ◆ ◆

* É válido destacar que um plano de ação, por mais completo que se apresente, não supre anos de decadência e estagnação, muito menos atende à complexa estrutura que envolve o quadro de pessoal e as expectativas das organizações, a curto, médio ou longo prazo.

técnicas esquecidas no começo do século voltaram com novos formatos para preencher lacunas deixadas pela ausência de colaboradores mais qualificados tecnicamente, e não apenas teoricamente. Para Paiva (1994), já existe uma crescente preocupação característica dos países subdesenvolvidos quanto a formar, capacitar e preparar pessoas com o devido cuidado e a atenção que as diversidades tanto cultural quanto de gênero requerem. Mas essa é uma medida a ser desenvolvida a longo prazo. Lucena (1995, p. 30) destaca a afirmação "um povo educado é um povo livre" como um jogo de palavras útil para classes dominantes e seus porta-vozes demagogos. Lucena (1995) salienta a importância de reforçar o *status quo* na busca pela contribuição da evolução e de mudanças quantitativas da sociedade, não ignorando uma estratégia fixada em premissas, valores, princípios e crenças do ambiente em que a organização está inserida.

Essa análise certamente elevará a gestão de pessoas em suas possibilidades e diminuirá os impactos do setor, além de multiplicar consideravelmente o número de profissionais de recursos humanos na condição de agentes transformadores da sociedade. Ainda, não podemos ignorar as inúmeras contradições do ambiente externo, que impactam diretamente nas necessidades do mercado e nas estruturas das organizações.

Para refletir

Sistemas de governo

Monarquia

Monarquia é um sistema de governo em que o monarca, imperador ou rei, governa um país como chefe de Estado. O governo é vitalício, ou seja, até morrer ou abdicar e a transmissão de poder ocorre de forma hereditária (de pai para filho), portanto não há eleições para a escolha de um monarca.

Este sistema de governo foi muito comum em países da Europa durante a Idade Média e Moderna. Neste último caso, os monarcas governavam sem limites de poder. A monarquia ficou conhecida como absolutismo. Com Revolução Francesa (1789), este sistema de governo entrou em decadência, sendo substituído pela República, na grande maioria dos países.

Hoje em dia, poucos países utilizam este sistema de governo e, os que ainda o usam, conferem poucos poderes nas mãos do rei. Neste sentido, podemos citar as Monarquias Constitucionais do Reino Unido, Austrália, Noruega, Suécia, Canadá, Japão e Dinamarca. Nestes países, o rei possui poderes limitados e representa o país como uma figura decorativa e clássica.

O período monárquico no Brasil ocorreu entre os anos de 1822 e 1889, com os reinados de D. Pedro I e D. Pedro II.

Parlamentarismo

O Parlamentarismo é um sistema de governo em que o poder legislativo (parlamento) proporciona a sustentação política (apoio direto ou indireto) para o poder executivo. Sendo assim, o poder executivo necessita do poder do parlamento para ser constituído e também para governar. No parlamentarismo, o poder executivo é, na maioria das vezes, exercido por um primeiro-ministro (chanceler).

O sistema parlamentarista pode se apresentar de duas maneiras:

- Na República Parlamentarista, o chefe de estado (com poder de governo) é um presidente eleito pelo povo e empossado pelo parlamento, por tempo determinado.
- Nas Monarquias parlamentaristas, o chefe de governo é o monarca (rei ou imperador), que assume de forma hereditária. Neste último caso, o chefe de estado (quem governa de fato) é um primeiro-ministro, também chamado de chanceler.

O parlamentarismo tem sua origem na Inglaterra Medieval. No final do século XIII, nobres ingleses passaram a exigir maior participação política no governo, comandado por um monarca. Em 1295, o rei Eduardo I tornou oficiais as assembleias dos representantes dos nobres. Nascia assim, o parlamentarismo inglês.

Países parlamentaristas na atualidade: Canadá, Inglaterra, Suécia, Itália, Alemanha, Portugal, Holanda, Noruega, Finlândia, Islândia, Bélgica, Armênia, Espanha, Japão, Austrália, Índia, Tailândia, República Popular da China, Grécia, Estônia, Egito, Israel, Polônia, Sérvia e Turquia.

O sistema parlamentarista é um sistema mais flexível que o presidencialista, pois em caso de crise política, por exemplo, o primeiro-ministro pode ser substituído com rapidez e o parlamento pode ser derrubado o que no caso do presidencialismo, o presidente cumpre seu mandato até o fim, mesmo em casos de crises políticas.

Presidencialismo

O presidencialismo é um sistema de governo no qual o presidente é o Chefe de Estado e de Governo. Este presidente é o responsável pela escolha dos ministros que o auxiliam no governo.

No sistema de presidencialismo, o presidente exerce o poder executivo, enquanto os outros dois poderes, legislativo e judiciário, possuem autonomia.

O Brasil é uma República Presidencialista deste 15 de novembro de 1889, quando ocorreu a Proclamação da República.

No Brasil o sistema parlamentarista existiu entre 7 de setembro de 1961 e 24 de janeiro de 1963, durante o governo do presidente João Goulart.

Regime/Ditadura Militar

A Ditadura Militar é uma forma de governo no qual o poder político é efetivamente controlado por militares [sic] governaram o país, suprimindo direitos civis e reprimindo os que são contra este regime de governo. Este regime pode ser oficial ou não, ou misto onde os militares exercem forte influência sem ser o dominante.

Na sua grande maioria os regimes militares são constituídos após um golpe de Estado derrubando o governo anterior.

No Brasil o regime militar existiu entre os anos de 1964 a 1985. Caracterizando-se pela falta de democracia, supressão de direitos constitucionais, censura, perseguição política e repressão aos que eram contrários ao regime militar.

Fonte: Só História, 2017.

Para saber mais

Saiba mais sobre a metodologia de construção de cenário com a leitura dos textos indicados a seguir, que trazem um pouco dos desafios, das trajetórias e das complexidades públicas e organizacionais. Você encontrará ampla análise dos cenários, tão necessários na era do conhecimento. Com esses textos, é possível entender a importância da construção dos cenários no planejamento estratégico das organizações, pois possibilita um exame aprofundado para o estabelecimento de estratégias que visem alcançar a competitividade.

BUARQUE, S. C. **Metodologia e técnicas de construção de cenários globais e regionais.** Texto para discussão n. 939. Brasília, fev. 2003. Disponível em: <http://repositorio.ipea.gov.br/bitstream/11058/2865/1/TD_939.pdf>. Acesso em: 10 out. 2017.

RIBEIRO, M. de P. M. Planejamento por cenários: uma ferramenta para a era do conhecimento. **Revista Intersaberes**, Curitiba, v. 1, n. 1, p. 186-202, jan./jun. 2006. Disponível em: <http://www.uninter.com/intersaberes/index.php/revista/article/view/93/67>. Acesso em: 10 out. 2017.

> CASTRO, A. E. P. de. Construção de cenários: do crowdsourcing à criação de um novo modelo de negócios no Brasil. **Future Studies Research Journal**, São Paulo, v. 3, n. 1, p. 140-168, jan./jul. 2011. Disponível em: <http://revistafuture.org/FSRJ/article/viewFile/64/128>. Acesso em: 10 out. 2017.

1.5 Modelo de gestão com base nas influências de René Descartes, Francis Bacon, Isaac Newton e Sócrates

No final do século XIX e começo do século XX, com a consolidação da Segunda Revolução Industrial, foram registrados os primeiros indícios de modelos de gestão realmente voltados à eficiência produtiva.

Todavia, a construção desses modelos, que ainda hoje refletem com admirável importância nos modelos atuais, contou com considerável influência de relevantes filósofos, que, com suas teorias e descobertas, assinalaram respeitosas marcas na evolução e consolidação das abordagens e dos modelos administrativos do mundo moderno. Sem nos aprofundar nas bases teóricas dessas influências, destacamos quatro importantes contribuições, conforme o Quadro 1.2.

Quadro 1.2 – *Modelos administrativos sob a ótica filosófica*

René Descartes (1596-1650)	A sociedade industrial teve em sua construção inúmeras contribuições de Descartes, principalmente nas linhas da abordagem estrutural, que procurava por meio da lógica matemática uma explicação racional entre o mundo e a sociedade em geral. Segundo Strathern (1997), Descartes compreendia intuitivamente e deduzia, sendo que mais tarde derivou a fórmula do método cartesiano, que se fez ostensivamente presente na abordagem mecanicista de administração.

(continua)

(Quadro 1.2 – conclusão)

Francis Bacon (1561-1626)	Com uma passagem pela sociedade industrial, marcada por inúmeros questionamentos a respeito da frivolidade do conhecimento puramente técnico e isolado do contexto social, Bacon condenava o conhecimento dissociado da ação, julgando-o uma manifestação sem lógica. Ele levantou a bandeira da utilização do método intuitivo e da experimentação. Na sua concepção a indução foi marcada por duas vertentes em um mesmo segmento: a negação, que se constituía da libertação dos erros e preconceitos arrastados pelos indivíduos em uma determinada sociedade e a construção, que era a descoberta da verdade comprovada pela ciência. Progressivamente, os experimentos de Bacon tiveram considerável importância na abordagem científica da administração.
Isaac Newton (1642-1727)	Amplamente conhecido pela lei da gravidade, Newton também deu sua contribuição para a consolidação da ciência da administração moderna, principalmente porque, com suas teorias científicas, trouxe outras respostas aos acontecimentos sociais e da natureza que não fossem respostas puramente religiosas ou obras de divindades celestes. Reverenciado também pelos seus estudos na área da tecnologia, metafísica, filosofia e alquimia, Newton ajudou a introduzir na sociedade uma abordagem estrutural da administração, voltando as teorias de gestão a um caráter humanista, marca da sociedade industrial.
Sócrates	Filósofo grego nascido em 470 a.C., Sócrates contribuiu vastamente com suas ideias na composição da chamada *teoria humanista*. Seu objeto de estudo não se baseava nos conflitos particulares dos indivíduos, e sim no conceito do processo dialético, que gerava segundo ele, o fenômeno da indução, o qual seria capaz de conduzir a consciência a um todo compreensível, resultando em um padrão de comportamento e previsibilidade.

Fonte: Adaptado de Ferreira et al., 2006. p. 17-20.

1.6 Os três tipos de abordagens que constituíram a administração

As abordagens a seguir apresentadas sofreram influência dos resultados deixados pela Revolução Industrial, que instituiu um novo modelo de produção: inicialmente, a produção era realizada de forma artesanal e, posteriormente, de forma mecanizada, o que levou à produção em larga escala. Esse fato alterou drasticamente as formas de administrar, que foram se transformando ao longo dos anos com o desenvolvimento organizacional.

Abordagem estrutural da administração

Em meados do século XIX, o **modelo clássico** de administração imperava absoluto nas organizações. Totalmente voltado ao poder produtivo das máquinas, tal segmento deu início a um gerencialismo baseado na lógica mecanicista. Os trabalhadores ideais incorporavam as características das máquinas: estabilidade, padronização, previsibilidade e passividade foram alguns dos fatores que contribuíram pesadamente para a desumanização do trabalho. (Ferreira et al., 2006)

Consequentemente, ligada a esses fatores, no início do século XX surgiu a abordagem mecânica. Os indivíduos eram vistos como uma peça necessária aos processos de produção. Alguns pontos críticos dessa abordagem permanecem presentes nas organizações em pleno século XXI, como:

+ visão limitada do ser humano;
+ abordagem limitada das organizações;
+ propostas prescritivas e generalizantes.

Entretanto, é inegável o importante papel da abordagem mecanicista para o desenvolvimento social, envolvendo crescimento tecnológico e embasando algumas concepções de modelos de gestão utilizados hoje de forma mais racional e eficaz.

Na abordagem estrutural, destaca-se o **modelo burocrático organizacional**. Caracterizado pela burocratização e pelo autoritarismo patriarcal e patrimonialista, esse modelo firmou-se na maioria das organizações no século XX, principalmente por ter se desenvolvido na era industrial, marcada pela criação do funcionalismo público, em que o poder designado ao funcionário estava diretamente ligado ao cargo ocupado, e não à pessoa designada. Aqui, a especialização e o treinamento profissional são fatores dispensáveis, sendo privilegiadas a eficiência e a qualidade adotada por padrões universais em todas as ações das organizações, internas ou externas. As principais características desse modelo são: separação entre propriedade e administração; caráter legal das normas e dos regulamentos das instituições; hierarquia da autoridade; impessoalidade das relações; rotinas e procedimentos padronizados; competência técnica; e meritocracia (Ferreira et al., 2006).

Finalmente, encerrando a abordagem estrutural, outra forma de administração tem fundamento na **teoria da decisão**, defendida calorosamente pelo estudioso Herbert Simon (1970), que definiu as organizações como um claro resultado de tomada de decisões. Simon criticou duramente as teorias anteriores por julgá-las erroneamente resumidas nas ações de seus sujeitos, sem perceberem que ações são consequências de decisões. Com suas falhas, essa também foi uma teoria ultrapassada pela administração moderna, principalmente porque limitava e padronizava o caráter humano das organizações (Ferreira et al., 2006).

Abordagem humanística da administração

Amplamente divulgada após a experiência de Hawthorne, a abordagem humanística desenvolveu novas formas de gestão, denominadas *modelos de gestão humanizados*.

Hawthorne, bairro da cidade de Cícero, em Illinois, nos Estados Unidos, abrigava a fábrica de relés telefônicos Western Electric Company, que, apesar de oferecer bons salários e boas condições de trabalho, estava insatisfeita com a produtividade de seus empregados. Em 1927, liderada pelo professor Elton Mayo, uma equipe de Harward desenvolveu durante cinco anos uma pesquisa e alguns experimentos baseados em fatores biológicos e físicos no setor de produção da fábrica. No entanto, mesmo após algumas mudanças físicas no setor de produção, ainda havia um fator até então desconhecido, que refletia efeitos contraditórios. Para desenvolver a pesquisa, a equipe selecionou algumas operárias e aplicou a esse grupo determinadas ações em caráter de experiência. Uma dessas ações foi a redução da jornada de trabalho (Ferreira et al., 2006).

Tão logo a experiência foi tomando forma, os índices de produtividade desse grupo aumentaram significativamente e, mesmo com o retrocesso do grupo à jornada antiga de trabalho, esses índices não baixaram. Observou-se, então, que as operárias destacadas para os experimentos se sentiam supervalorizadas e prestigiadas pelo interesse dos estudiosos e da direção da empresa. Esse fato motivou-as a desempenharem um papel mais significativo em seu posto de trabalho. Além disso, nesses grupos formavam alguns subgrupos informais, liderados pelas operárias que, de certa forma, se destacavam por características pessoais e espírito de liderança – aspectos que, aos poucos, eram desvendados. Isso tudo foi resultante da ausência da supervisão excessivamente rígida impostas a elas (Ferreira et al., 2006).

A partir daí, os fatores psicológicos na produção começaram a ocupar lugar de destaque no planejamento das empresas. Foi o primeiro passo para entender-se que uma organização não se caracteriza somente por seu plano formal, regras, normas, procedimentos e rotinas, mas também por seus aspectos informais, como a cultura organizacional e os grupos de afinidades.

Nesse sentido, não é somente a remuneração que garante o rendimento do trabalhador. As pessoas são motivadas por fatores psicológicos, como a necessidade de reconhecimento, a aprovação social e a efetiva participação do sujeito no grupo social em que vive.

Apesar de a experiência de Hawthorne ter sido severamente questionada e criticada por alguns estudiosos sociais, podemos afirmar que ela instituiu o marco das relações humanistas no trabalho.

> As pessoas são motivadas por fatores psicológicos, como a necessidade de reconhecimento, a aprovação social e a efetiva participação do sujeito no grupo social em que vive.

Observemos um panorama dos conceitos que constituíram a abordagem humanista, comparando alguns autores que tiveram, com suas ideias, significativo destaque nas bases teóricas desse modelo de gestão.

Quadro 1.3 – Quadro da abordagem humanista

Mary Parker Follett (1868-1933)	Questionou os métodos de imposição da autoridade, enfatizando a importância da tarefa a ser exercida e não do poder empregado na delegação e execução dessa tarefa. Dedicou-se a desvendar os conflitos entre as diferentes camadas hierárquicas de uma mesma organização, enfatizando que a melhor forma de resolvê-los era por meio da integração e não da dominação ou da concessão como na abordagem estratégica. Abordou a importância de gerenciar o poder, voltando-o para a unificação de um grupo e não pela sobreposição de um indivíduo ao outro. Basicamente ela propunha a união das diversas qualidades que cada indivíduo possuía, formando um todo poderoso. Era o "poder com" e não o "poder sobre". Despertou um olhar holístico sobre o desempenho dos trabalhadores. Entendia a separação do indivíduo como ser espiritual e ser social, em um dualismo fatal para as organizações. Defendeu que a busca pelo controle deve ser feita em acordo com o grupo e não sobreposto a ele; as situações precisam ser controladas e não as pessoas.

(continua)

(Quadro 1.3 – continuação)

Rensis Likert *(1903-1981)*	Voltado a estudar os modelos de sucesso de liderança, concluiu que o sistema de melhor desempenho é o participativo. Destacou a importância de um eficiente fluxo de comunicação entre subordinados e superiores. Evidenciou a forma participativa como a que obtém os melhores resultados. Assinalou a importância da busca pelo bem-estar dos indivíduos e as melhores condições de trabalho. Salientou o sucesso na integração entre planejamento conjunto e coordenação de esforços, intercâmbio de informações e o desejo de atingir objetivos como reforços positivos no contexto organizacional. Reforçou a importância do relacionamento inter e intrapessoal nas organizações assim como a afirmação da cultura organizacional.

Douglas McGregor *(1906-1964)*	Desenvolveu uma teoria de interpretação básica da natureza humana até hoje seguida por muitos gerentes. Dividiu essa teoria em dois segmentos: teoria X, baseada em valores conservadoristas típicos da abordagem estrutural e teoria Y, calcada nos pensadores humanistas.
	
	• Teoria X:
	  • o operário típico não gosta de trabalhar e evita ao máximo o esforço produtivo;
	  • os empregados devem ser coagidos, controlados e ameaçados com punições para que trabalhem de acordo com os padrões de produtividades exigidos;
	  • a maior parte das pessoas evita assumir responsabilidades no ambiente de trabalho;
	  • os trabalhadores colocam a segurança acima de tudo e possuem pouca ambição.
	
	• Teoria Y:
	  • a maior parte das pessoas encara o trabalho de forma tão natural como a alimentação e o descanso e pode obter satisfação na atividade produtiva;
	  • os trabalhadores são capazes de exercer autodireção e autocontrole, não precisando, assim, de uma supervisão rígida para cumprir as normas e padrões de produção;
	  • as pessoas em geral aceitam as responsabilidades que lhes são confiadas se estiverem comprometidas com os objetivos a perseguir;
	  • a imaginação, a criatividade, iniciativa e a capacidade para tomar decisões constituem qualidades exclusivas dos gestores.

(Quadro 1.3 – continuação)

Abraham Harold Maslow (1908-1970)	Voltou suas teorias ao estudo da motivação: • "Qualquer comportamento motivado é um canal pelo qual diversas necessidades podem ser expressas ou satisfeitas simultaneamente. Cada ato costuma possuir mais de uma motivação." (Ferreira et al., 2006, p. 36). • "O estudo da motivação deve concentrar-se nos objetivos finais das pessoas, e não em seus objetivos intermediários, que nada mais são do que meios para atingir os objetivos finais." (Ferreira et al., 2006, p. 36). • "As necessidades humanas estão hierarquizadas segundo o seu valor. Assim, a manifestação de uma necessidade baseia-se geralmente na satisfação prévia de outra mais importante ou premente. Nenhuma necessidade deve ser tratada como se fosse isolada, uma vez que todas se relacionam com o estado de satisfação ou insatisfação de outras necessidades." (Ferreira et al., 2006, p. 36).
Frederick Herzberg (1923)	Segundo Frederick, motivação e desmotivação não são extremos opostos de uma mesma dimensão, mas sim faces de um mesmo determinante. As organizações, segundo ele, devem buscar enriquecer as tarefas designadas aos seus trabalhadores, fazendo com que estes se sintam reconhecidos pelo trabalho que exercem. A concessão de alguns benefícios como salário, *status* ou segurança são fatores importantes numa organização, mas não são motivacionais. Para esse autor, é necessário que se dê uma constante atenção a elementos como reconhecimento, responsabilidade e desenvolvimento individual, para que os trabalhadores se sintam motivados.
Warren Bennis (1925)	Bennis defendia que os modelos de administração foram importantes ao seu tempo e eles só foram criados porque a necessidade da sua forma era inevitável dentro do contexto em que ela se encontrava. Assinalava que as mudanças foram necessárias devido às condições emergentes no hemisfério organizacional, tais como: • mudanças rápidas e inesperadas às portas do mundo moderno; • aumento das dimensões das organizações; • crescente diversidade; • mudança no comportamento gerencial em razão das perspectivas humanistas.

(Quadro 1.3 – conclusão)

Chester Barnard (1886-1961)	Destacou o papel da tomada de decisão como centro da administração. Reforçou que o esforço cooperativo era a chave para o sucesso organizacional e eficácia administrativa.
	Formulou a "teoria da aceitação de autoridade" abordada por Mary Follett. Barnard assinalou dentro dessa teoria que a eficácia da gestão consiste na capacidade do gerente de obter legitimação de sua autoridade com os seus subordinados. Sua posição era de que a verdadeira fonte de poder do executivo não é sua posição hierárquica, e sim sua aceitação pelos trabalhadores.

Fonte: Adaptado de Ferreira et al., 2006, p. 34-38.

Nesse sentido, entendemos que a abordagem humanística é uma transformação necessária na forma como as organizações operavam a gestão de pessoas. Agora, essa gestão deixa de ser limitada aos processos burocráticos clássicos e mecanicistas – seleção de trabalhadores, treinamentos práticos, controles de pagamentos e frequência –, para também adotar uma gestão humanizada, que destaca os valores da dignidade humana e observa o trabalhador como um ser social, composto de sentimentos (visão holística) e que precisa ser motivado independentemente do ambiente em que atua.

Contudo, essa abordagem também sofreu críticas e teve expostas suas falhas. A radical oposição aos procedimentos da escola clássica a cegou para as vertentes construtivas de racionalização dos processos produtivos. As teorias comportamentais foram acusadas de ter uma visão romântica dos conflitos administrativos, imaginando que a adoção de uma gestão mais humana encerraria por si só as necessidades dos trabalhadores, além de ser acusada de manipulativa, pois muitos críticos evidenciaram que a supervalorização do empregado nada mais era que uma máscara dos verdadeiros interesses capitais (Ferreira et al., 2006).

Abordagem interativa da administração

Após a Segunda Guerra Mundial, aproximadamente na década de 1950, houve uma grande mudança no cenário econômico, e o mundo se viu diante de grandes transformações, sobretudo no âmbito industrial. O crescente desafio de gestão eram os sistemas burocráticos do início do século, que se instalavam rapidamente nos sistemas de produção que funcionavam a todo vapor depois das descobertas tecnológicas do período da guerra. A introdução de novos produtos gerou um novo componente na economia do mercado: a competição. Houve uma vasta transformação em toda sociedade: na arte, na cultura, na literatura, na música, na religião e na política, todos sofriam as modificações oriundas de novas formas de comunicação, que consolidavam o consumo da massa social (Ferreira et al., 2006).

O consumo desenfreado foi um forte propulsor das formas clássicas gerenciais. Os limites de ideias, de eficiência dos modelos burocráticos, das autonomias organizacionais e, principalmente, dos recursos naturais constituíam um entrave indigesto do mundo capital, e as organizações precisavam mudar. Ao se voltarem para os sistemas sociais em que estavam inseridas, as organizações alteraram gradativamente suas formas de gerenciar, passando a optar por um trabalho simultâneo entre os diversos tipos de estruturas e suas concepções organizacionais (Ferreira et al., 2006).

Nesse período pós-guerra, as instituições passaram a ser observadas como um sistema sociotécnico: os padrões organizacionais não dependiam somente de abstratos critérios técnicos, mas se encontravam fortemente relacionados com as realidades dos sistemas sociais em que estavam inseridos (Ferreira et al., 2006).

Surgem, então, as organizações como **sistemas abertos**, que consistem em duas abordagens para a realização de uma mesma tarefa: (1) o trabalho executado de acordo com a interação própria de cada campo do conhecimento; e (2) a construção hierárquica de sistemas relacionados às complexidades dos conjuntos desse conhecimento. Parsons (1971), que teve importante contribuição para a construção da **teoria sistêmica**, defende que, para um funcionamento pleno dos sistemas, é necessário observar quatro requisitos fundamentais:

I. adaptação às demandas do ambiente;
II. alcance dos objetivos com a implantação de metas;
III. integração das pessoas que fazem parte desse complexo;
IV. manutenção para a transmissão e a continuidade desses valores a novos participantes.

Tais procedimentos destacam um sistema social aberto que proporciona constante interação com seus ambientes. A Figura 1.2 representa um ambiente social em supersistemas.

Figura 1.2 – Ambiente social (supersistemas)

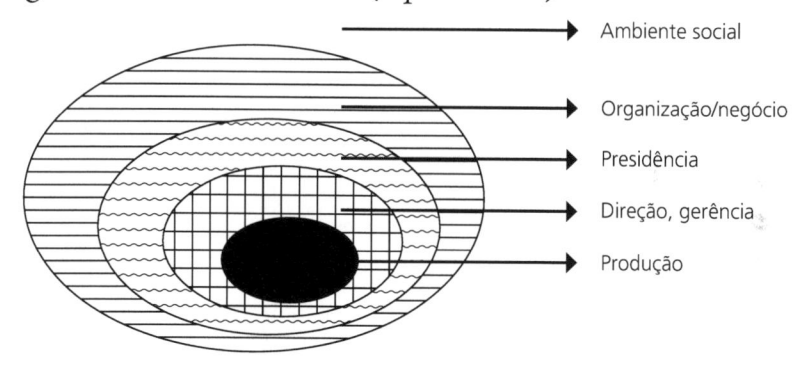

- Ambiente social
- Organização/negócio
- Presidência
- Direção, gerência
- Produção

Outro fator relevante dessa teoria é a importância da cultura e do clima organizacional. É na cultura que se refletem todas as influências tanto do sistema formal, com suas normas e mecanismos burocráticos, quanto da reinterpretação dessas influências pelo sistema informal (Ferreira et al., 2006).

A **teoria da contingência** também apareceu nesse modelo de abordagem administrativa por volta das décadas de 1960 e 1970, concomitantemente à expansão dos modelos japoneses de produção e do sistema organizacional e suas características mais orgânicas. O Quadro 1.4 resume bem as diferenças de cada modelo de abordagem.

Quadro 1.4 – Formas organizacionais

Características básicas de cada abordagem	Mecânica	Orgânica
Ambiente	Estável	Instável
Tarefa	Padronizada	Mutante/emergente
Controle	Regras e regulamentos	Maior fluidez
Autoridade	Centralizada	Descentralizada
Participação	Obediência	Solução de problemas
Comunicação	Vertical	Informal/mais horizontal

Fonte: Ferreira et al., 2006, p. 49.

Nos cenários organizacionais, é essencial a criação de uma **gestão estratégica**, que pode ser definida como uma forma de utilizar recursos que serão alocados para se atingir determinado objetivo. Adotada originalmente na área militar, atualmente é uma palavra integrada à rede de negócios. A origem do termo *estratégico* é grega: "que concerne ao general" (Houaiss, 2009).

Há um consenso na literatura e nas práticas contemporâneas que se baseia em três fundamentais pontos a serem destacados no processo de formação da função gerencial estratégica (Ferreira et al., 2006):

1. A ação gerencial deve ser organizada em todos os níveis, sendo observadas as oportunidades e as ameaças que permeiam o ambiente externo – e refletem no ambiente interno –, e que podem ser fatais para o sucesso das organizações.
2. Todas as organizações são constituídas de uma razão ou um negócio, e elas só conseguem sobreviver quando processam um modo eficiente em suas estruturas e produzem ações relevantes para o ambiente externo.

3. As organizações não devem deixar de dar atenção à dimensão das necessidades de integração e alinhamento das estruturas organizacionais.

Os estudos acerca da abordagem integrativa contribuíram maciçamente para a consolidação da gestão de pessoas nas organizações, assim como possibilitaram a ampliação dos setores. A gestão de pessoas adquiriu novas funções, como o planejamento e o processo de recrutamento, seleção, avaliação de desempenho e treinamento pessoal. A partir da década de 1970, as ações passam a ter referências não só psicológicas e sociais, mas também voltadas à relação entre os ambientes interno e externo.

Basicamente, as **teorias modernas** de gestão buscam previsibilidade, produtividade, expansão das habilidades e competências, harmonia, ajustamento, satisfação pessoal etc. A dialética socrática, assim como as teorias citadas, influenciou vastamente estudiosos e arquitetos da construção de um modelo administrativo mais completo possível e que fosse capaz de suprir as necessidades tanto das organizações quanto das pessoas envolvidas nesse processo.

Obviamente não existe um modelo permanente, muito menos soluções universais que constituam o cerne da gestão ideal. É de extrema importância relembrar que as organizações estão invariavelmente expostas a ramos de negócio, contextos políticos e econômicos distintos, refletindo diretamente no comportamento social. Os fatores humanos são, sim, de grande influência no desempenho das organizações, e esse desempenho está invariavelmente sujeito a alterações constantes.

São indiscutíveis os reflexos de todos esses movimentos no setor de pessoas.

> A partir da década de 1970, as ações passam a ter referências não só psicológicas e sociais, mas também voltadas à relação entre os ambientes interno e externo.

Para refletir

Liderança na gestão pública

I. Introdução

Nas últimas décadas do século XX, iniciou-se um movimento global para discutir o modelo de gestão adotado pelos governos, tendo como propósito mudanças no gerenciamento da administração pública, construindo gradativamente organizações mais estruturadas e voltadas para resultados. Em face destas mudanças as organizações têm buscado investir em capital intelectual, pois o mesmo é visto como bem precioso que representará melhoria de serviços prestados a sociedade.

Conforme Corbari (2004), na tentativa de acompanhar as transformações ocorridas em nível mundial nas últimas décadas, principalmente no tocante ao desenvolvimento tecnológico e à globalização econômica, o poder público alterou substancialmente seu modelo de gestão de uma "Administração Pública Burocrática para Administração Gerencial". Para a autora, "o primeiro enfatiza os procedimentos e tem como foco o controle das atividades, o segundo prioriza a redução de custos e a qualidade dos serviços prestados ao cidadão".

Neste processo de estruturação as organizações passam a necessitar de gestores mais autônomos, com maior iniciativa e responsabilidade, com perfil bem diferente do exigido até então, baseado na obediência e na submissão. Ao se vincular este novo perfil, o Estado passa a requerer de novos sistemas de gestão, capazes de respostas mais efetivas às necessidades desta nova etapa da administração pública. Como implicação, registram-se duras críticas aos modelos prevalentes de administração pública, assim como intensa mobilização política e ideológica para a construção e legitimação de um novo modelo de gestão pública, baseado em conceitos mais modernos, tais como inovação gerencial, autonomia administrativa, descentralização, delegação de autoridade (Bresser Pereira, 1997).

Neste contexto desenvolver a liderança surge como importante estratégia nas organizações públicas para que possa garantir melhor qualidade dos produtos e serviços gerados. Com o aumento da complexidade e do nível de mudanças no ambiente organizacional vêm sendo requeridas lideranças experientes e hábeis para lidar com as oportunidades, ameaças e os conflitos organizacionais. Além disso, naquelas organizações cujos processos decisórios passaram a ocorrer desde os níveis mais baixos da hierarquia, lideranças são requeridas em todos os níveis da estrutura, devendo todas elas estar informadas sobre questões estratégicas do negócio (Bernthal; Wellins, 2006).

Diante disso, esse trabalho tem por objetivo apresentar a modernização sofrida pela gestão pública no Brasil e discutir o papel da liderança na sincronia do desempenho das equipes de colaboradores.

Primeiramente, é apresentado um breve histórico da evolução da administração pública no Brasil desde o modelo patrimonialista, passando pelas particularidades da administração burocrática até chegar ao modelo gerencial. Logo após, é feito um embasamento em termos dos conceitos de liderança relacionados às definições de poder e chefia. Para finalizar será abordada a temática deste estudo: a liderança na gestão pública.

2. Gestão Pública no Brasil

A Gestão Pública no Brasil é um assunto recente com origens históricas que remontam ao período da transferência da família real de Portugal para o Brasil. Neste período, marcado pelo patrimonialismo – caracterizado pela dificuldade de distinção entre os interesses públicos e privados, tiveram início as primeiras formas de organização governamental no país (Marini, 2004).

Nesta época a administração era simples, havia poucos órgãos e muita abrangência, cabendo ao Estado a responsabilidade na oferta de emprego. A insuficiência de critérios e métodos científicos de gestão e a centralização marcaram a condução dos negócios governamentais (Marini, 2004).

O surgimento de um modelo que propusesse uma reforma neste tipo de regime teve a influência de três grandes nomes para a Administração: Wodrow Wilson, presidente norte-americano e suas propostas de estruturação da administração pública e separação entre política e administração; Frederick Taylor, engenheiro norte-americano e sua preocupação com a produtividade e eficiência na realização das atividades; Max Weber, sociólogo alemão estudioso dos tipos de sociedade e das formas de exercício de autoridade que desenvolveu o modelo burocrático com base nas características de formalidade, impessoalidade, legalidade, especialização, profissionalismo, dentre outras (Marini, 2004).

De acordo com Lescura et al. (2010) é possível identificar três momentos pelos quais passou a administração pública brasileira: a Administração Patrimonialista, anterior a 1937; a Administração Burocrática, entre 1937 e 1995; e a Administração Gerencial, pós 1995 até o presente momento. A evolução destes modelos foi gradual e não excludente, percebendo-se ainda hoje as três influências na Administração Pública. [...]

Fonte: Lemos; Berni; Palmeira, 2014.

Para saber mais

Os textos abordam os processos burocráticos brasileiros em sua trajetória histórica. O primeiro texto, de Aragão, apresenta um debate que faz relação entre a burocracia e a eficiência, como fatores imprescindíveis na gestão pública. Da mesma forma, o segundo texto, de Paiva, analisa os cenários da gestão pública brasileira e a necessidade na implantação de processos burocráticos na busca da eficiência, inclusive fazendo uma retrospectiva histórica desde a década de 30.

ARAGÃO, C. V. de. Burocracia, eficiência e modelos de gestão pública: um ensaio. **Revista do Serviço Público**, Brasília, ano 48, n. 3, set./dez. 1997. Disponível em: <http://pt.slideshare.net/vsalasroldan/burocracia-eficincia-e-modelos-de-gestao-publica>. Acesso em: 10 out. 2017.

PAIVA, C. H A. A burocracia no Brasil: as bases da administração pública nacional em perspectiva histórica (1920-1945). **História**, São Paulo, v. 28, n. 2, p. 775-796, 2009. Disponível em: <http://www.scielo.br/pdf/his/v28n2/27.pdf>. Acesso em: 10 out. 2017.

CAMPELO, G. S. B. Administração pública no Brasil: ciclos entre patrimonialismo, burocracia e gerencialismo, uma simbiose de modelos. **Ciência & Trópico**, Recife, v. 34, n. 2, p. 297-324, 2010. Disponível em: <http://periodicos.fundaj.gov.br/CIC/article/viewFile/871/592>. Acesso em: 10 out. 2017.

Síntese

Neste capítulo, verificamos que, desde que se tem notícias na história da humanidade, o trabalho permeia as necessidades e a satisfação das indivíduos.

Com a evolução das sociedades, foi necessário aprimorar os processos estratégicos de modelos administrativos e, por sua vez, evoluir nos modelos de gestão de pessoas. Cada época desenvolveu seus modelos para dar conta dos objetivos que surgiam tanto na esfera organizacional quanto da sociedade em geral.

Apresentamos diversas abordagens para que fosse possível compreender as perspectivas religiosa, econômica e psicológica.

Com o advento do capitalismo, a vertente econômica se tornou mais importante para a sociedade em que esse modelo foi implantado. A chegada efetiva do capitalismo no Brasil ocorreu a partir do século XIX. Inicialmente não trouxe o desenvolvimento esperado, pelo contrário, ocorreu uma alteração drástica na forma do comportamento das relações de trabalho, uma vez que o Brasil estava saindo do regime escravocrata. Dessa forma, o capitalismo desencadeou desigualdades sociais e princípios de revoluções.

Para não perder o controle da situação, o governo brasileiro editou o Decreto-Lei n. 5.452/1943, a CLT: uma consolidação de leis esparsas que foram criadas no decorrer do tempo para dar conta de controlar e disciplinar as relações do trabalho. O advento da CLT fez surgir um novo modelo de gestão nas organizações. Além disso, diante dos novos modelos de gerenciamento de pessoas, também emergiu a necessidade da educação formal, que passou a ser relevante.

Questões para revisão

1. Quais são as três perspectivas voltadas à composição de valores e às diretrizes da satisfação humana no trabalho? Explique cada uma delas.

2. Para a Góes (2009, p. 11), no cenário mundial, o capitalismo incorporou o trabalhador como mercadoria, negando a este "a liberdade e o desejo criativo". Analise as afirmações a seguir e marque F para falsa e V para verdadeira. Em seguida, assinale a resposta que apresenta a sequência correta:

    ( ) Na figura do trabalhador do capitalismo não cabia mais a construção do tempo, somente a reprodução cada vez mais rápida e eficiente de valor ao produto.

    ( ) No modelo capitalista, cabe ao trabalhador pensar, construir e transferir sua competência e força de trabalho.

    ( ) O trabalhador, no modelo capitalista, é parte dos maquinários, sem necessidades ou sentimentos; precisa somente de manutenção, energia e programação para trabalhar e produzir o mais rápido possível.

    ( ) Os reflexos negativos do capitalismo não conseguiram afetar o desenvolvimento do trabalhador no decorrer dos séculos.

a. V, F, F, V.
b. F, F, F, V.
c. V, F, V, F.
d. F, V, V, F.

3. Alguns autores destacam a importância da identificação do cenário em que uma discussão está inserida. Identifique três desses autores e descreva as concepções de cada um sobre cenário.

4. Relacione os filósofos aos respectivos modelos de administração. Em seguida, assinale a alternativa correta:
(1) René Descartes
(2) Francis Bacon
(3) Isaac Newton
(4) Sócrates
( ) Levantou a bandeira da utilização do método intuitivo e da experimentação.
( ) Compreendia intuitivamente e deduzia.
( ) Seu objeto de estudo não se baseava nos conflitos particulares dos indivíduos, mas no conceito do *processo dialético*, que gerava, segundo ele, o fenômeno da indução.
( ) Reverenciado também pelos seus estudos na área da tecnologia, metafísica, filosofia e alquimia, ajudou a introduzir na sociedade uma abordagem estrutural da administração, direcionando as teorias de gestão para a adoção de um caráter humanista, marca da sociedade industrial.
a. 3, 2, 4, 1.
b. 2, 1, 4, 3.
c. 4, 1, 2, 3.
d. 2, 4, 3, 1.

5. Em meados do século XIX, o modelo clássico de administração imperava absoluto nas organizações. Totalmente voltado ao poder produtivo das máquinas, tal segmento deu início à gerenciabilidade baseada na lógica mecanicista. Os trabalhadores ideais eram aqueles que incorporavam as características das máquinas: estabilidade, padronização, previsibilidade e passividade. Esses fatores contribuíram pesadamente para a desumanização do trabalho. Consequentemente, no início do século XX, surge a abordagem mecânica: os trabalhadores eram vistos como uma peça necessária aos processos de produção.

Com base nesse excerto, analise os itens a seguir e marque V para verdadeiro e F para falso em relação os pontos críticos da abordagem mecanicista ainda presentes nas organizações em pleno século XXI. Em seguida, assinale a alternativa que apresenta a sequência correta:

( ) Visão limitada do ser humano.

( ) Abordagem ilimitada das organizações.

( ) Propostas prescritivas.

( ) Propostas generalizantes.

a. F, F, V, V.

b. F, V, V, V.

c. V, F, V, F.

d. V, F, V, V.

Questões para reflexão

1. As dimensões abordadas no Quadro 1.1 se relacionam com o trabalho que você desenvolve? Justifique.

2. A CLT tem mais de 70 anos. Sob seu ponto de vista, ela ainda continua atendendo às necessidades da atual classe trabalhadora, ainda que tenha sofrido alterações posteriores?

3. Porter (1989) entende que *cenário* é conhecer a realidade em que se está inserido, mas não é certeza de sucesso. É um caminho mais próximo possível do previsível ao qual se desenvolve uma organização ou negócio. Você conhece o cenário organizacional em que se encontra inserido? Consegue traçar seu caminho diante desse reconhecimento?

4. Com o modelo de abordagem administrativa, por volta das décadas de 1960 e 1970, surgiu uma teoria – concomitantemente à expansão dos modelos japoneses de produção e sistema organizacional e suas características mais orgânicas. Indique qual é a teoria e sua importância.

✦ ✦ ✦

capítulo dois

Administração Pública e gestão de pessoas

Conteúdos do capítulo:

- Modelos da Administração Pública na busca eficiente do atendimento à sociedade.
- Princípios obrigatórios na gestão pública.
- Modelo estratégico na Administração Pública brasileira.
- Organização e gestão de pessoas com base na satisfação humana.
- Servidor público e cidadania na gestão pública.
- A evolução da gestão de pessoas e os cenários de transformação social.

Após o estudo deste capítulo, você será capaz de:

1. compreender os princípios da gestão pública e como eles direcionam a Administração Pública;
2. identificar os modelos patrimonialista, burocrático e gerencial da Administração Pública;
3. elencar fatores de destaque no modelo estratégico de administração;
4. reconhecer nos modelos de gestão de pessoas a utilização do modelo estratégico de administração;
5. diferenciar agente político, agente público, servidor público, e empregado público.

Neste capítulo, abordaremos a influência dos princípios da gestão pública, a fim de verificar a necessidade da aplicação dos modelos patrimonialistas e burocráticos para atender às necessidades dos cidadãos e, ao mesmo tempo, aos objetivos estratégicos dos entes públicos.

Com base na retrospectiva dos modelos de administração e de suas influências, é possível chegar a algumas conclusões. Durante todo processo de instituição do trabalho e sua organização no capitalismo, há dois pontos relevantes: **pessoas e capital**. À medida que se consegue administrar melhor a força de trabalho que vem das pessoas, o capital aumenta.

Segundo os filósofos estudados no capítulo anterior, todo processo de organização e gestão tem como base as relações e a satisfação humana. Os processos industriais limitaram o desenvolvimento dos trabalhadores e deixaram adormecida por séculos a vertente psicológica do trabalho. No entanto, como toda evolução histórica, a gestão de pessoas também teve seu momento, principalmente em decorrência da competitividade resultante da abertura de mercado e do estreitamento das fronteiras econômicas que ocorreram no Brasil no período pós-Revolução Industrial. A força de trabalho também passou então a ser vista como um importante capital para as organizações.

Os novos métodos, a instituição de hierarquias mais abertas e claras, o destaque para capacitação profissional, a gestão da informação e do conhecimento, bem como os contextos empresariais colaborativos, reflexivos e participativos, sempre motivados pelo fortalecimento no mercado, impulsionaram formas inovadoras de administrar pessoas.

Para Scatena (2012, p. 185),

> A qualificação profissional adquire uma característica cíclica e contínua. O profissional carece de aprender e reaprender continuamente, acumular conhecimento,

> transformar informações, criar novas ideias e novos processos, oferecer à empresa a sua capacitação técnica aliada à sua forma de trabalhar. O profissional, dessa forma, oferece à empresa as suas competências, que unem os fundamentos técnicos científicos a suas habilidades em saber como fazer e por que fazer. O contexto empresarial dinâmico e flexível, nessa era globalizada, exige do profissional um saber aprender constante, associado ao saber transformar o aprendido em prática, inovação e produtividade.

Não é mais o trabalhador um reprodutor de movimentos. Ele agora colabora na criação dos movimentos. Precisa pensar nos processos, entender por que acontecem, conhecer o produto ou serviço que executa, construir o negócio com a organização. Agora, o colaborador é parte do processo. Scatena (2012, p. 185) afirma: "as pessoas são a chave para as empresas alcançarem seus objetivos. Através delas as empresas conseguem fazer acontecer".

2.1 *Princípios da gestão pública*

Os princípios que regem a Administração Pública estão previstos no art. 37 da Constituição Federal (CF/1988), de 5 de outubro de 1988 (Brasil, 1988), e incidem de forma direta e indireta nos poderes da União, dos estados, do Distrito Federal e dos municípios, bem como nas autarquias, fundações públicas, agências reguladoras e executivas, empresas públicas e sociedades de economia mista. São eles:

- princípio da legalidade;
- princípio da impessoalidade;
- princípio da moralidade;
- princípio da publicidade;
- princípio da eficiência.

Para entender melhor quais áreas que estão sujeitas à gestão pública e como elas se relacionam, vejamos a Figura 2.1.

Figura 2.1 – Áreas da gestão pública

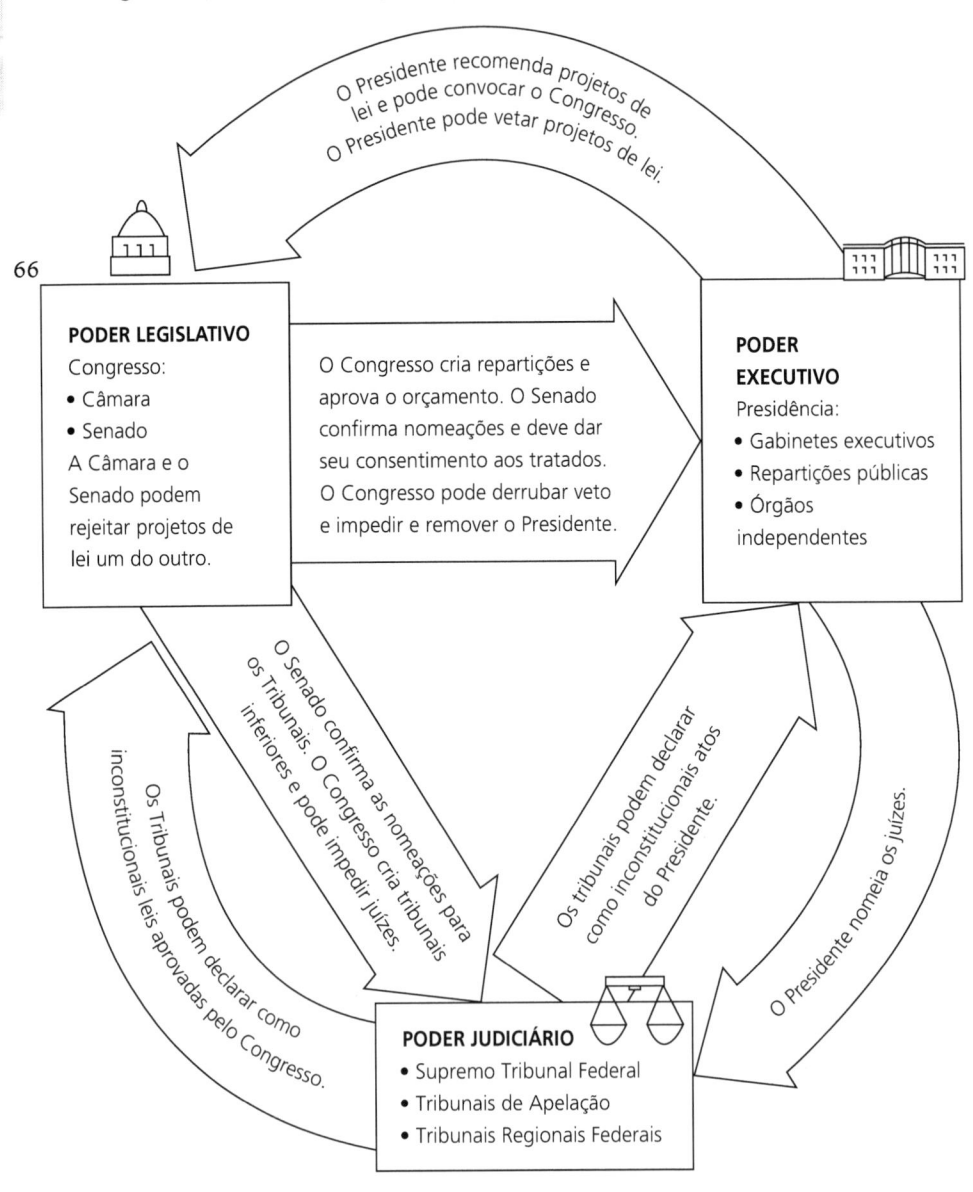

O Presidente recomenda projetos de lei e pode convocar o Congresso.
O Presidente pode vetar projetos de lei.

PODER LEGISLATIVO
Congresso:
- Câmara
- Senado

A Câmara e o Senado podem rejeitar projetos de lei um do outro.

O Congresso cria repartições e aprova o orçamento. O Senado confirma nomeações e deve dar seu consentimento aos tratados. O Congresso pode derrubar veto e impedir e remover o Presidente.

PODER EXECUTIVO
Presidência:
- Gabinetes executivos
- Repartições públicas
- Órgãos independentes

O Senado confirma as nomeações para os Tribunais. O Congresso cria tribunais inferiores e pode impedir juízes.

Os Tribunais podem declarar como inconstitucionais leis aprovadas pelo Congresso.

Os tribunais podem declarar como inconstitucionais atos do Presidente.

O Presidente nomeia os juízes.

PODER JUDICIÁRIO
- Supremo Tribunal Federal
- Tribunais de Apelação
- Tribunais Regionais Federais

Fonte: Dye, 2014, p. 112.

Princípio da legalidade

É o princípio apontado como fundamental no Estado democrático de direito. Com amparo na legalidade, a administração governamental pode neutralizar as influências e decisões arbitrárias do Estado. A lei é o poder, conforme mostra o art. 5º, inciso II, da CF/1988: "ninguém será obrigado a fazer ou deixar de fazer alguma coisa senão em virtude de lei" (Brasil, 1988). É o art. 5º que norteia a seguinte diretriz: na Administração Pública nem que tudo que é certo pode ser feito, então, o que pode ser feito é somente o que está na lei. O administrador público age segundo os interesses do cidadão e da sociedade com base nas leis estabelecidas mediante prévios processos: "Art. 84. Compete privativamente ao Presidente da República: [...] IV – sancionar, promulgar e fazer publicar as leis, bem como expedir decretos e regulamentos para sua fiel execução" (Brasil, 1988); e "Art. 49. É da competência exclusiva do Congresso Nacional: [...] V – sustar os atos normativos do Poder Executivo que exorbitem o poder regulamentar ou dos limites da delegação legislativa" (Brasil, 1988).

Princípio da impessoalidade

É o princípio que garante a neutralidade nas decisões, nos processos e nos julgamentos cabíveis à administração do governo. Todas as ações devem estar focadas no interesse coletivo. Um exemplo da impessoalidade é o ingresso do trabalhador na carreira pública. Para ser um servidor da Administração Pública, é preciso ser concursado, ou seja, as contratações de trabalhadores na Administração ocorrem por provas de competências, conhecimento e experiência, e nunca por indicação.

Princípio da moralidade

Esse princípio atua em conjunto com o princípio da legalidade. *Moral* é praticar ações que sejam comuns às leis. Assim, é possível deduzir que atos de governos imorais são atos que foram executados à margem da lei ou ilegais. E quem fiscaliza as ações do governo para verificar o cumprimento ou não das leis? O Poder Judiciário. É ele que controla, fiscaliza e cobra a execução das leis na Administração Pública. Quando identificado um ato, uma ação ou um procedimento ilegal, pode-se fazer denúncia ao Ministério Público ou ao órgão de alcance que averigua e julga a procedência ou não da denúncia – chamada de *ação civil pública*. Uma segunda forma de denúncia de ilegalidade ou imoralidade da Administração Pública é a ação popular, que só pode ser promovida por pessoa física. Segundo o art. 5º, inciso LXXIII, da CF/1988:

> LXXIII – qualquer cidadão é parte legítima para propor ação popular que vise a anular ato lesivo ao patrimônio público ou entidade de que o Estado participe, à moralidade administrativa, ao meio ambiente e ao patrimônio histórico e cultural, ficando o autor, salvo comprovada má-fé, isento de custas judiciais e ônus de sucumbência; (Brasil, 1988)

Se comprovados atos de improbidade administrativa que resultem em **enriquecimento ilícito,** aplica-se o art. 12, inciso I, da Lei n. 8.429, de 2 de junho de 1992:

> I – [...] perda dos bens ou valores acrescidos ilicitamente ao patrimônio, ressarcimento integral do dano, quando houver, perda da função pública, suspensão dos direitos políticos de oito a dez anos, pagamento de multa civil de até três vezes o valor do acréscimo patrimonial

> e proibição de contratar com o Poder Público ou receber benefícios ou incentivos fiscais ou creditícios, direta ou indiretamente, ainda que por intermédio de pessoa jurídica da qual seja sócio majoritário, pelo prazo de dez anos; (Brasil, 1992)

Se a denúncia apurada identificar improbidade administrativa **com prejuízo ao erário**, aplica-se o art. 12, inciso II, da Lei n. 8.429/1992:

> II – [...] ressarcimento integral do dano, perda dos bens ou valores acrescidos ilicitamente ao patrimônio, se concorrer esta circunstância, perda da função pública, suspensão dos direitos políticos de cinco a oito anos, pagamento de multa civil de até duas vezes o valor do dano e proibição de contratar com o Poder Público ou receber benefícios ou incentivos fiscais ou creditícios, direta ou indiretamente, ainda que por intermédio de pessoa jurídica da qual seja sócio majoritário, pelo prazo de cinco anos; (Brasil, 1992)

Se os prejuízos apontados forem relativos aos próprios **princípios da Administração Pública,** aplica-se o art. 12, inciso III, da Lei n. 8.429/1992:

> III – [...] ressarcimento integral do dano, se houver, perda da função pública, suspensão dos direitos políticos de três a cinco anos, pagamento de multa civil de até cem vezes o valor da remuneração percebida pelo agente e proibição de contratar com o Poder Público ou receber benefícios ou incentivos fiscais ou creditícios, direta ou indiretamente, ainda que por intermédio de pessoa jurídica da qual seja sócio majoritário, pelo prazo de três anos; (Brasil, 1992)

Diante desse contexto, foi possível observar a importância de os entes públicos atenderem ao princípio da moralidade.

Princípio da publicidade

O princípio da publicidade impõe tornar público e transparente todo processo de governo. Isso implica disponibilizar para sociedade todas as informações sobre a Administração Pública, seus gastos, sua arrecadação, suas aplicações. Vejamos o teor do inciso XXXIII do art. 5º da CF/1988:

> XXXIII – todos têm direito a receber dos órgãos públicos informações de seu interesse particular, ou de interesse coletivo ou geral, que serão prestadas no prazo da lei, sob pena de responsabilidade, ressalvadas aquelas cujo sigilo seja imprescindível à segurança da sociedade e do Estado; (Brasil, 1988)

As formas de acesso a essas informações ficam sujeitas aos critérios do art. 37, §3º, inciso II, da CF/1988: "o acesso dos usuários a registros administrativos e a informações sobre atos de governo, observado o disposto no art. 5º, X e XXXIII;" (Brasil, 1988).

Princípio da eficiência

A Administração Pública deve estar a serviço do indivíduo e da sociedade, privilegiando, em todos os processos, o benefício da coletividade. A execução de seu trabalho está fundamentada nos cinco princípios da gestão pública e diretamente ligada aos princípios da eficiência. Esse princípio orienta que os serviços prestados pelo setor administrativo devem ser de qualidade e com a busca constante da eficiência em servir.

Todos os princípios estão pautados em pessoas. Na apresentação ou na condição dos processos, todos são voltados a condutas e procedimentos de indivíduos perante a prestação de serviço para sociedade na qualidade de servidor público.

Para que possamos resgatar os três modelos que caracterizam a Administração Pública brasileira, primeiro vamos examinar seu ramo de atuação e seu propósito.

Para Oliveira (2014, p. 44), "não se pode esquecer que o mercado da administração pública – de forma direita e indireta – é o povo, a população, a comunidade. Portanto, a finalidade de um administrador público é servir – atender, orientar, prestar serviços".

De acordo com Rek (2014), no Brasil:

> O Plano Diretor da Reforma do Aparelho do Estado – PDRAE, importante documento elaborado pelo Ministério da Administração Federal e da Reforma do Estado no ano de 1995, evidencia a existência de três fases da administração pública: Administração Pública Patrimonialista, a Burocrática e a Gerencial.

A Figura 2.2 representa o modelo utilizado pela Administração Pública, ou seja, as chaves que abrem o cenário da gestão pública.

Figura 2.2 – Administração Pública

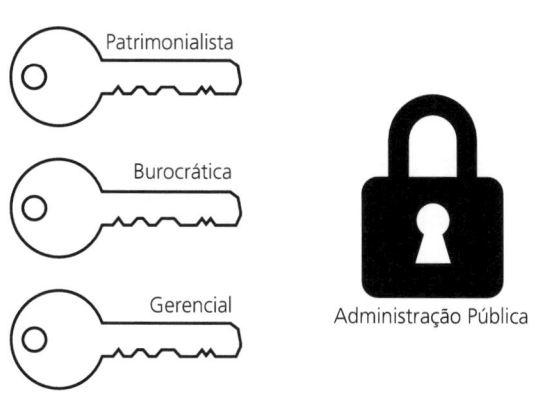

Esses modelos são extremamente necessários para a eficiência da Administração Pública. Vamos conhecer cada um deles nos próximos itens.

2.3 Modelos da Administração Pública

Modelo patrimonialista

Conhecido como o mais antigo modelo adotado pela Administração Pública, esteve presente no Brasil até 1889. Suas características eram: poder soberano e servidores diretamente ligados à realeza; desnecessidade de formação ou qualificação (apenas a empatia e o interesse do rei eram suficientes para que ele tornasse um servidor do governo); patrimônio público e privado se confundiam; havia a presença constante das interferências do nepotismo e da corrupção (Rek, 2014).

Para Heidemann e Salm (2014, p. 34), "a administração pública ainda se caracteriza de forma muito marcante por um processo eminentemente formal e patrimonialista".

Modelo burocrático

Identificado no Brasil no período de 1930 até meados de 1990, o modelo burocrático é o marco da forma de governo de Getúlio Vargas, que, em 1936, estabeleceu a primeira reforma administrativa do Estado brasileiro com a instituição do Departamento Administrativo do Serviço Público (Dasp).

Esse modelo foi criado com o objetivo de conter a corrupção por meio de formalidades e procedimentos predeterminados, de modo a inibir e minimizar golpes e desvios de verbas.

> As hierarquias começaram a ser estabelecidas, iniciou-se a divisão dos bens públicos, houve controle rigoroso e sistemático dos cargos públicos e atribuição de promoções por meritocracia. Nesse período, a necessidade de profissionalização, o foco na carreira, a qualificação como caminho para refazer a imagem desgastada e pouco creditada dos funcionários públicos perante a sociedade constituíram aspectos de transformação que começaram a ficar evidentes.

Obviamente, a aceleração industrial vivida pelo Brasil foi um importante impulsionador para as tomadas de decisões do então governo, que precisava moralizar o serviço público e controlar as contas do país, consequência do capitalismo moderno.

Modelo gerencial

O modelo gerencial foi pensado para que o Estado direcionasse seus esforços para a conservação e o desempenho de serviços para a sociedade. É também característico desse modelo a aplicação de ferramentas administrativas usuais na administração privada, adaptadas aos setores públicos, principalmente em razão das metas de eficiência e qualidade nos serviços. Nesse modelo, é possível identificar os movimentos de terceirização e privatização. No Brasil, o processo começou a ser desenhado a partir de 1990, com o governo do então Presidente Fernando Collor de Mello. Em meados de 1995, na presidência de Fernando Henrique Cardoso, consolidaram-se as principais mudanças do modelo administrativo do Estado, impulsionadas pelo poder da globalização das correntes financeiras de crédito e da competitividade.

O país, a partir da década de 1990, precisou se tornar mais eficiente e de resposta mais rápida. O modelo burocrático, mesmo tendo a intenção de normatizar e moralizar a Administração Pública, causou entraves fatais na qualidade de serviço desse setor. Para Matias-Pereira (2009, p. 244), "os impactos das transformações socioeconômico-ambientais e políticas no mundo contemporâneo estão afetando e exigindo maior capacidade de resposta do Estado – realizada por meio da Administração Pública – às demandas da sociedade".

É no modelo gerencial que começamos a perceber as estratégias administrativas e a falsa ideia de impunidade perante a estabilidade.

O conceito de *estabilidade* está disposto no art. 41 da CF/1988: "São estáveis após três anos de efetivo exercício os servidores nomeados para cargo de provimento efetivo em virtude de concurso público." (Brasil, 1988).

Utilizaremos a explicação da doutora Baracho (2010) para entender a aplicação da estabilidade:

> Como garantia constitucional de permanência no serviço público, do servidor estatutário devidamente nomeado, em virtude de concurso público, após o transcurso dos três anos exigidos pela Constituição Federal, a estabilidade revelou-se, de um lado, um importante mecanismo de amortecimento das incertezas do mercado; e, por outro, assumiu papel de verdadeira condição de prêmio àquele que, após longo caminho, que vai do concurso ao término do estágio probatório, demonstrou plenas condições de bem desempenhar o cargo público.

Entretanto, essa estabilidade não é soberana e está sujeita a intervenções, conforme dispõe o inciso I do art. 3º da Lei n. 9.962, de 22 de fevereiro de 2000 (Brasil, 2000), que dispõe sobre o regime do emprego público do pessoal da Administração federal direta, autárquica e fundacional. Vejamos o teor do dispositivo:

> Art. 3º O contrato de trabalho por prazo indeterminado somente será rescindido por ato unilateral da Administração pública nas seguintes hipóteses:

> I – prática de falta grave, dentre as enumeradas no art. 482 da Consolidação das Leis do Trabalho, CLT. (Brasil, 2000)

Assim, mesmo sendo um colaborador devidamente nomeado e de antiguidade no serviço público, não está isento de eventual processo administrativo que resulte na exoneração de seu cargo. Dessa forma, cai o mito da impunidade, a falsa ideia de que um emprego público é sinônimo de facilidades, falta de comprometimento, ostracismo ou desempenho inoperante de funções.

Um servidor público deve exercer suas funções com o mesmo comprometimento e profissionalismo que qualquer outro. Gerenciar, administrar ou conduzir uma equipe na Administração Pública não é diferente ou mais fácil.

> Cai o mito da impunidade, a falsa ideia de que um emprego público é sinônimo de facilidades, falta de comprometimento, ostracismo ou desempenho inoperante de funções.

Para saber mais

Para conhecer mais a respeito da Administração Pública, indicamos alguns artigos sobre o tema.

No texto de Mafra, são apresentadas as questões hierárquicas presentes na Administração Pública e suas diferenciações em relação à administração privada. Em Seresuela, por sua vez, é estudado o cenário do regime jurídico da Administração Pública. São textos complementares que analisam o âmbito público legal e administrativo.

MAFRA, F. Administração pública burocrática e gerencial. **Âmbito Jurídico**, Rio Grande, v. 3, n. 21, maio 2005. Disponível em: <http://www.ambito-juridico.com.br/site/index.php?n_link=revista_artigos_leitura&artigo_id=503>. Acesso em: 10 out. 2017.

> SERESUELA, N. C de H. **Princípios constitucionais da Administração Pública.** nov. 2002. Disponível em: <http://jus.com.br/artigos/3489/principios-constitucionais-da-administracao-publica>. Acesso em: 10 out. 2017.

2.3 Modelo estratégico de administração

Como a Administração Pública busca modelos gerenciais característicos das organizações privadas para atender da melhor forma seu cliente, que é a sociedade, é essencial analisá-los aqui.

O modelo estratégico de administração aparece no cenário brasileiro no início do século XX, influenciado principalmente por empresas como a General Motors e a DuPont (Scatena, 2012).

Outra forte e popular influência da concepção estratégica militar no âmbito empresarial é o livro *A arte da guerra*, de Sun Tzu (2006), publicado originalmente em 1913.

No Quadro 2.1, elaborado por Serra e Ferreira (2016), vejamos as diversas possibilidades de adoção da estratégia no contexto político-militar:

Quadro 2.1 – *Definições de estratégia no âmbito político-militar*

Definição	Fonte
1. Arte de coordenar a ação das forças militares, políticas, econômicas e morais implicadas na condução de um conflito ou na preparação da defesa de uma nação ou comunidade de nações.	Dicionário Houaiss
2. Parte da arte militar que trata das operações e dos movimentos de um exército, até chegar, em condições vantajosas, à presença do inimigo.	
3. Por extensão: arte de aplicar com eficácia os recursos de que se dispõe ou de explorar as condições favoráveis de que porventura se desfrute, visando ao alcance de determinados objetivos.	

(continua)

(Quadro 2.1 – conclusão)

Definição	*Fonte*
1. Arte militar de planejar e executar movimentos e operações de tropas, navios e/ou aviões, visando alcançar ou manter posições relativas e potenciais bélicos favoráveis a futuras ações táticas sobre determinados objetivos. 2. Arte militar de escolher onde, quando e com quem travar um combate ou uma batalha. 3. Por extensão: arte de aplicar meios disponíveis com vista à consecução de objetivos específicos. 4. Por extensão: arte de explorar condições favoráveis com o fim de alcançar objetivos específicos.	Dicionário Aurélio
1. Arte de combinar a ação das forças militares, políticas, morais e econômicas, implicadas na condução de uma guerra moderna ou na preparação da defesa de um estado. (a estratégia depende conjuntamente da competência do governo e da do alto comando das forças armadas). 2. Parte da arte militar que trata das operações e movimentos de um exército, até chegar à presença do inimigo.	Dicionário Lello Universal
1. Em sentido lato atual, a existência, real ou potencial, de um obstáculo, desafio, competição, antagonismo ou conflito entre duas partes ou mais entidades, empenhadas na aplicação concebida e concertada de conhecimentos apropriados e meios ou recursos adequados com vista à consecução de determinados fins ou objetivos.	Enciclopédia Verbo da Sociedade e do Estado
1. Arte de coordenar a ação das forças militares, políticas, econômicas e morais implicadas na condução de um conflito ou na preparação da defesa de uma nação ou comunidade de nações. 2. Parte da arte militar que trata das operações e movimentos de um exército, até chegar, em condições vantajosas, à presença do inimigo. 3. Arte de aplicar com eficácia os recursos de que dispõe ou de explorar as condições favoráveis de que porventura desfrute, visando ao alcance de determinados objetivos.	Grande Dicionário da Língua Portuguesa

Fonte: Serra; Ferreira, 2016, p. 5.

Agora, observemos no Quadro 2.2 como Freire (1996) define as mesmas configurações quando a estratégia se volta para o âmbito empresarial:

Quadro 2.2 – *Estratégias empresariais*

	Meio empresarial	Meio militar
Objetivo	• Conquista e controle de mercados	• Conquista e controle de territórios
Análises	• Estudo do mercado • Estrutura da indústria • Pontos fortes e fracos • Organização e liderança	• Condições climáticas • Condições do terreno • Distribuição das forças • Estrutura de comando
Resultados	• Estratégia empresarial • Plano estratégico	• Estratégia militar • Plano de campanha

Fonte: Freire, 1996, p. 7.

Ainda que no âmbito empresarial a palavra *estratégia* configure-se de diversas formas (estratégia competitiva, corporativa, administrativa, política, de planejamento etc.), "a consolidação do conceito de administração estratégica deu-se no final da década de 1970 e engloba a elaboração do planejamento estratégico e a implementação da estratégia, assim como seu monitoramento e avaliação" (Scatena, 2012, p. 116). A autora continua sua análise e afirma que perceber o planejamento estratégico é constatar a estratégia da organização. Esse conhecimento ocorre, segundo Scatena (2012), com base em três perguntas norteadoras:

1. Qual a situação real da organização?

    Entender o objetivo e observar a situação estratégica organizacional em:

    • produtos;
    • mercados de atuação;
    • vantagem competitiva;
    • concorrência;

- participação no mercado;
- desempenho.

2. Quais as forças positivas e as forças negativas do ambiente que podem afetar a organização agora e no futuro?

   Entender o objetivo e analisar o ambiente externo quanto a:
   - levantamento de ameaças e oportunidades;
   - ramo de atuação;
   - mudanças tecnológicas;
   - ações governamentais;
   - conjuntura econômica global;
   - tendências da sociedade.

3. Quais são os pontos fortes e os pontos fracos da organização?

   Entender o objetivo e analisar o ambiente interno quanto:
   - ao estudo de desempenho das áreas funcionais;
   - ao *benchmarking*;
   - à melhoria contínua;
   - à qualidade.

O conjunto de respostas obtido com esses questionamentos será a base para elaboração do **plano estratégico**. Com essa estruturação, obtém-se a projeção de um cenário em que as empresas vão operar.

Existem diversas ferramentas estratégicas que podem ajudar na identificação desses fatores, como a Matriz Ansoff, a Análise Swot, ou Fofa, e a Matriz BCG, que são as mais utilizadas.

2.4 *A organização de gestão de pessoas*

Convém reiterarmos que os colaboradores representam uma das ferramentas essenciais de sucesso e qualidade de produto ou serviço de uma organização. A competência atribuída aos colaboradores faz toda a diferença no desempenho e na credibilidade dessa instituição. Para Lacombe (2005, p. 362), o ponto de partida é a formação de uma equipe competente: a qualidade do pessoal admitido é crítica. É preciso que não seja fácil para os competidores conseguir uma equipe com a mesma qualidade; a seguir, a condução dessa equipe para motivá-la e obter a lealdade e o comprometimento com a empresa e, finalmente seu desenvolvimento para aprimorar sua competência e conhecimento, por meio de programas de treinamento formais e informais.

Figura 2.3 – Gerenciamento estratégico

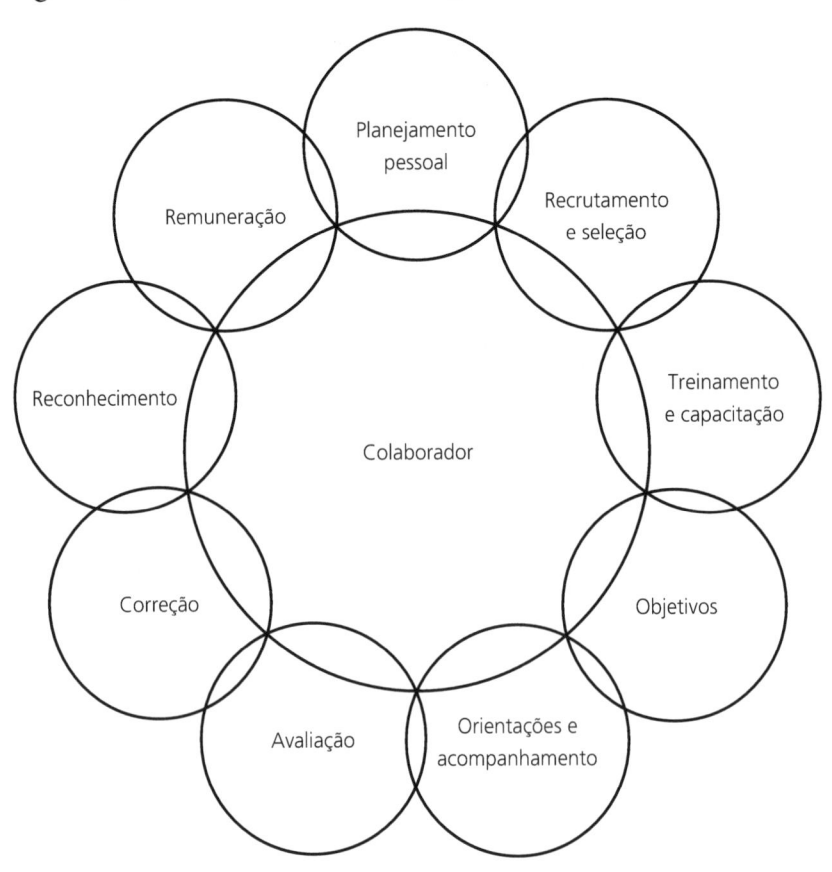

- Planejamento pessoal
- Recrutamento e seleção
- Treinamento e capacitação
- Objetivos
- Orientações e acompanhamento
- Avaliação
- Correção
- Reconhecimento
- Remuneração
- Colaborador

Fonte: Adaptado de Scatena, 2012, p. 186.

A motivação e a liderança são com certeza fatores altamente impactantes, principalmente quando se trata da gestão da Administração Pública. O processo de gerenciamento estratégico de pessoas basicamente se fundamenta em nove passos que se relacionam constantemente (Figura 2.3).

Cada um desses processos compõe uma meta ou diretriz estabelecida pelo modelo administrativo adotado pela organização, seja pública, seja privada. Tais processos precisam ser pensados de forma que estejam em sintonia e caminhem conforme a cultura e o negócio ou serviço ao qual se aplica.

Gerir pessoas é como organizar um setor com base nas potencialidades e zelar constantemente para que estas sejam mantidas, tendo a percepção de que elas são impulsionadas sincronicamente e conjuntamente. Não há como um colaborador se desenvolver sem que conheça os objetivos a serem alcançados. Ele precisa ser informado sobre isso e devidamente capacitado e amparado para buscar esses objetivos.

O treinamento só surtirá efeito positivo se o colaborador que o receber estiver no lugar que corresponde às suas potencialidades. Uma vez capacitado, precisa constantemente de amparo, suporte e orientação durante todo o processo de organização e execução do trabalho. Esse processo é constante, mesmo quando a ação é repetitiva e rotineira e independe do nível hierárquico (Scatena, 2012).

> Não há como um colaborador se desenvolver sem que conheça os objetivos a serem alcançados. Ele precisa ser informado sobre isso e devidamente capacitado e amparado para buscar esses objetivos.

Diversas vezes, os processos se perdem pela falta de orientação e principalmente pela ausência de *feedback*.

Veras (2012), esclarece que *feedback* é uma forma de preocupar-se com o outro: "Dar *feedback* é uma das coisas mais importante que podemos fazer como líderes, porque é por meio dele que podemos ajudar alguém se desenvolver".

As pessoas precisam ser reconhecidas pelo seu trabalho. Esse é o principal impulsionador da motivação. Motivado, o colaborador é produtivo e, quanto mais produtivo, maior serão seus rendimentos profissional e pessoal. Como ressaltamos no começo deste livro: o ser humano precisa estar em harmonia, sentir-se útil e reconhecer-se parte da organização. Finalmente, o colaborador precisa contar com remuneração suficiente para manter a si e à sua família, atendendo a seus desejos e objetivos pessoais.

Souza (2016, p. 5) explica a importância de se valorizar os funcionários:

> Pode-se descrever como valores tudo que é importante para a vida do ser humano, sendo na vida pessoal, profissional ou organizacional. Os valores humanos são essenciais no crescimento do ambiente de trabalho. As pessoas precisam ser valorizadas na empresa, porque são elas que dão existência a uma empresa.
> Quando os funcionários são valorizados, se sentem mais envolvidos e são mais compromissados com a organização, porque se sentem parte da empresa. [...]

Mais do que captar e desenvolver profissionais qualificados, é essencial saber reter esses profissionais. No setor privado, os colaboradores são constantemente "seduzidos" por propostas de trabalhos com melhor remuneração e, acima de tudo, mais motivadoras.

No setor público não é diferente, apenas um pouco mais burocrático. Um colaborador do setor público pode pedir transferência, prestar novo concurso em outro órgão, ser convidado por autarquias superiores a prestar serviço em outra unidade etc. Engana-se quem pensa que essa não é uma realidade na área pública.

Assim como nas instituições privadas, todo esforço de treinamento, organização e desenvolvimento de um colaborador se perde quando ele é desligado. Por mais semelhante que uma função possa ser, por maior que seja o número de colaboradores que a exercem, cada indivíduo é único, e, quando o perdemos, perdemos um pouco da identidade desse grupo, perdemos a ideia de pertencimento.

Scatena (2012, p. 190) destaca a concepção da **teoria dos motivos humanos** de David McClelland, que

> aborda a importância da satisfação das necessidades básicas e destaca três destas aprendidas pelo homem em sociedade: a necessidade de realização, que nos faz buscar a excelência; a necessidade de afiliação, que é o interesse por amizades: a necessidade de nos sentirmos aceitos, de exercer poder sobre um grupo, que expressa os desejos de liderança.

Esses valores e desejos não são exclusivos da administração privada, eles cabem perfeitamente no modelo de gerir o setor público. Mesmo que a Administração Pública tenha regras próprias para contratação e demissão de funcionários, as execuções de procedimentos de gestão seguem as mesmas bases. Independentemente de ser uma organização pública ou privada, são as pessoas que executam e comandam os processos.

Em diversos estudos de satisfação no trabalho durante as consultorias, sempre há colaboradores que expressam, cada vez mais, necessidades que vão além da remuneração. E essa tendência não é tão absurda como se pode pensar. Imaginemos um relógio e as frações das horas que, em média, destinamos às nossas atividades (Figura 2.4).

Figura 2.4 – As 24 horas do relógio e nossas atividades

As primeiras 12 horas

a) Nas primeiras seis horas, estamos dormindo
b) Nas próximas duas horas, estamos nos preparando e nos deslocando para o trabalho
c) Nas quatro horas seguintes, estamos no ambiente de trabalho

As últimas as 12 horas

d) Intervalo de almoço
e) Após o almoço, estamos trabalhando por mais cinco horas para completar a jornada de trabalho
f) Nas próximas duas horas, estamos em deslocamento para a residência
g) Dedicamos as quatro horas restantes ao lazer ou a mais um pouco de sono

As primeiras horas do dia são dedicadas ao sono e ao deslocamento para o trabalho.

No intervalo do almoço, não raro, o trânsito e a mobilidade urbana inadequados inviabilizam o deslocamento dos trabalhadores até sua residência. Logo, esse intervalo, na maioria das vezes, é dividido com quem? Com os colegas de trabalho.

Após o almoço, voltamos para mais uma jornada média de 5 horas no ambiente corporativo.

Em média, as duas horas seguintes ao encerramento do expediênte são destinadas para o deslocamento até nossa residência.

Levando em conta que uma pessoa adulta e ativa precisa em média de 8 horas diárias de sono, nos resta então mais 2 horas para o convívio com lazer, sociedade e família. Ressaltamos que esse é um exemplo simplista de uma rotina média e imaginada para uma dinâmica de trabalho de quase 9 horas diárias, 44 horas semanais, em que consideramos a jornada de segunda a sexta-feira.

Por que trouxemos esse exemplo para ilustrar a tendência brasileira de buscar antes um ambiente profissional saudável do que uma grande remuneração?

A resposta está na Figura 2.4. Em média, passamos:
- 8 horas dormindo;
- 9 horas trabalhando;
- 5 horas em deslocamento e descanso intrajornada;
- e apenas 2 horas com a família ou os amigos.

♦ O modelo estratégico para Administração Pública permite a visualização do cenário no qual o ambiente está inserido, identificando os propósitos e as necessidades da gestão pública, para, com base nisso, traçar o caminho que leve à qualidade e à eficiência do serviço prestado para a sociedade e, ao mesmo tempo, que mantenha um ambiente saudável e prazeroso aos colaboradores. ♦

Diante dessa realidade, fica óbvia a preferência dos colaboradores por organizações ou grupos de trabalhos que lhe tragam, acima de tudo, boa convivência e sensação de pertencimento. Por isso, criar essa condição para os colaboradores na gestão de pessoas é essencial, principalmente a fim de manter equipes de trabalho fortalecidas e motivadas.

Essa é também uma realidade no cenário da Administração Pública. O gestor de pessoas, nesse modelo, precisa lidar constantemente com ambientes que refletem colaboradores desmotivados. Os planos de progressão de carreiras dentro da rotina de servidor público vieram com a intenção de suprir a necessidade de manter o servidor alinhado aos propósitos da organização ou do órgão e, ao mesmo tempo, apesar da estabilidade, promover a motivação e a reinvenção na rotina trabalhista, independentemente do nível hierárquico de cargo ou função.

O modelo estratégico para Administração Pública permite a visualização do cenário no qual o ambiente está inserido, identificando os propósitos e as necessidades da gestão pública, para, com base nisso, traçar o caminho que leve à qualidade e à eficiência do serviço prestado para a sociedade e, ao mesmo tempo, que mantenha um ambiente saudável e prazeroso aos colaboradores.

Para refletir

Grupos e equipes de trabalho nas organizações

[...]

2. A Importância dos Grupos

Os homens são seres sociais, portanto, necessitam viver em grupo. Apesar de passar despercebidos para si mesmos que já estão inseridos nesse contexto social. O primeiro grupo a que pertencemos é a família, e aos poucos vamos estendendo a participação no ambiente em que vivemos, como a escola, grupos religiosos e na vida adulta a admissão ao grupo organizacional.

Ao pertencermos a determinados grupos, adquirimos atitudes e comportamentos parecidos que nos moldam de uma forma que leva as pessoas a perceber que somos participantes de certo seguimento, que muitas vezes chamamos de estereótipo. Quando isso acontece, estamos nos referindo aos comportamentos próprios do grupo a que um sujeito é integrante. Alguns grupos parecem tão homogêneos (com exceção das diferenças individuais) que as pessoas falam, gesticulam e riem da mesma forma, por exemplo.

Fazer parte de um grupo é importante para todo e qualquer indivíduo, mesmo para aqueles que negam isso. Toda pessoa que é integrante de um grupo tem um papel dentro dele. Um papel definido e ativo (ou ativo-passivo ou passivo). Caso tenha que encarar a situação de ser inserido em um novo grupo, como a entrada num grêmio estudantil, nova comunidade, nova escola, faculdade, entre outros, a tensão e a ansiedade diante dessa realidade assusta, porque há uma angústia em se encaixar, procurar semelhantes e/ou aliados. Sair do anonimato é complexo para alguns e para outros é mais uma oportunidade, mas não deixa de ser um desafio.

Todo grupo tem regras, normas, direitos e deveres, que necessariamente não precisam ser colocadas em atas, mas apenas implícitas. Aos poucos, se reconhece o poder exercido, os benefícios e punição por não cumprir o que já está determinado, qual a forma de participar obtendo sucesso e prestígio ou então sofrer as consequências da má participação.

Algo que as pessoas não entendem, seja na escola, na faculdade, organização ou núcleo familiar, elas é que têm que se encaixar e não ao contrário. O que pode acontecer é entrar para o grupo e tentar transformá-lo, o que nem sempre é fácil ou possível. Por inúmeras razões, uma delas é se o grupo está propício a mudanças, a segunda se ele quer mudanças ou se as regras já são tão velhas e arraigadas que não cabe nada novo e o terceiro e último é se as mudanças que a pessoa quer no grupo são realmente necessárias.

3. Os Grupos e a Organização

A figura do "capataz" dentro da organização é falida, já que os bons administradores/gestores encontram formas democráticas e atraentes para lidar com os indivíduos, com a finalidade de promover o bem-estar de todos, assim como do desenvolvimento da organização. O ideal é ter uma liderança participativa em todos os aspectos, pois, dessa forma, compreendem-se os diferentes tipos de percepção, desenvolvimento cognitivo, objetivos e valores que pertencem aquele grupo. Faz-se necessário abrir oportunidades para que as pessoas possam compartilhar suas ideias, convicções, valores, queixas e até opiniões para mudança de algo. Sendo que tudo deve ser bem analisado, compreendido e "editado" para dar retorno ao grupo, favorecendo as relações e as mudanças, caso elas sejam implementadas, cogitadas ou prometidas para o futuro.

4. Comportamento Grupal

As pessoas são moldadas desde o seu nascimento, montam sua personalidade nas interações com a família e os demais grupos citados no capítulo anterior, refletindo assim suas características também e não só as individuais, dentro do contexto grupal. Assim, é através dessas particularidades que se posicionam e se expressam dentro do grupo. O desejo de aceitação é inerente ao ser humano, desejamos parecer melhor do que somos diante dos demais, principalmente daqueles que admiramos. Por conta disso, a mudança é sempre algo difícil e complicado, porque não é só a pessoa, mas as circunstâncias que vivem ou que experimentaram dentro grupos dos que a trouxeram até aqui. [...]

Fonte: Boto, 2014.

Para saber mais

Indicamos, a seguir, alguns materiais sobre estratégias utilizadas nos âmbitos público e privado.

O artigo de Heuert permite aprofundar o conhecimento sobre as ferramentas estratégicas, como análise de Swot, muito utilizada nas organizações. Já Burlon traz uma reflexão sobre a necessidade de implantação de sistemas de desempenho na Administração Pública. Os dois últimos textos remetem para a análise sobre o problema da demissão e as lições para jamais perder a motivação.

HEUERT, J. **Ferramentas para análise estratégica:** ANSOFF, PEST, SWOT, Matriz BCG e Modelo 7s McKinsey. Disponível em: <http://www.jairheuert.com.br/2011/10/ferramentas-para-analise-estrategica.html>. Acesso em: 10 out. 2017.

BRULON, V. Administração pública para o desenvolvimento: superando a primazia da eficiência para o alcance de um desenvolvimento multidimensional. In: ENCONTRO DE ADMINISTRAÇÃO PÚBLICA E GOVERNO, 5., 2012, Salvador. **Anais...** Disponível em: <http://www.anpad.org.br/admin/pdf/2012_EnAPG154.pdf>. Acesso em: 10 out. 2017.

ADMINISTRADORES.COM. Funcionários que recebiam salário mínimo de R$ 20 mil pedem demissão. **Administradores**, [S.l.], 3 ago. 2015. Disponível em: <http://www.administradores.com.br/noticias/negocios/funcionarios-que-recebiam-salario-minimo-de-r-20-mil-pedem-demissao/103849>. Acesso em: 10 out. 2017.

TOBIAS, P. S. Motive-se e aperfeiçoe-se. **Administradores**, [S.l.], 3 ago. 2015. Disponível em: <http://www.administradores.com.br/artigos/empreendedorismo/motive-se-e-aperfeicoe-se/89241>. Acesso em: 26 out. 2017.

2.5 *Conceitos de* servidor público *e* cidadania *para a gestão*

Antes de iniciarmos a abordagem sobre a gestão de pessoas, vamos entender o significado da expressão "servir a alguém".

De Plácido e Silva (1989, p. 228) ensina que a palavra *servidor* tem o significado:

> de servir, é o vocábulo, em sentido lato, aplicado para designar toda pessoa que exerce uma atividade pública ou particular, de ordem material, técnica ou intelectual, mediante emprego, cargo ou locação. Assim, quem quer que sirva a outrem, na qualidade de empregado, preposto ou funcionário, é um servidor. Desse modo, embora na linguagem vulgar, servidor seja tido no mesmo sentido de serviçal, ou doméstico, designando cargo ou emprego de inferior categoria, na técnica jurídica, servidor é tomado em significação mais ampla, não exprimindo somente os cargos humildes. É comum, mesmo, empregar-se a expressão genericamente, para indicar os funcionários públicos, sem referência às respectivas classes ou categorias. Nestas circunstâncias, servidores do Estado é expressão que designa toda e qualquer espécie de empregado, ou funcionário público.

Assim, podemos afirmar que a palavra *servir* tem sentido amplo, abraçando tanto os empregados das empresas privadas como os da Administração Pública.

Porém, há muitas diferenças entre os regimes dos servidores públicos e dos colaboradores privados, as quais são bem definidas pelos distintos ordenamentos jurídicos quando essa prestação de serviço ocorre de forma **onerosa**, havendo, portanto, a necessidade de uma contraprestação pecuniária.

Já a prestação **gratuita** e voluntária concretiza-se com ajuda ou prestação de serviços comunitários, podendo ser desempenhada por qualquer pessoa, mesmo as que não trabalham, para qualquer tipo de regime jurídico definido. Ressaltamos que essa pessoa não é o servidor que trabalha para as entidades sem fins lucrativos, as quais, de qualquer forma, havendo empregados, devem remunerá-los de acordo com os ditames legais.

Nesse tipo de prestação de serviços, a figura da gestão de pessoas acontece de forma espontânea: um colaborador contribui com o outro, ajudando, treinando, orientando, verificando de que modo as equipes devem atuar; é uma administração de pessoas isenta de outros interesses.

E o que *servir* tem em comum com *cidadania*? Ser cidadão é estar em pleno gozo de seus direitos, como votar, prestar o serviço militar, ter a liberdade de ir e vir, usufruir do direito à propriedade e respeitar os demais cidadãos, em suma, os direitos civis. Somente de posse desses direitos será possível servir e fazer parte de uma comunidade.

É interessante notar que, em vários casos de prestação de serviço gratuito, em que as pessoas que o realizam não recebem contraprestação, elas se sentem mais felizes e motivadas do que na prestação onerosa.

São paradoxos que ocorrem diariamente. Ser feliz no trabalho requer que a todo momento se questione sobre os papeis que cada um desempenha na sociedade a qual pertence. Essa reflexão é de suma importância, porque os atos dos indivíduos refletem e trazem consequências aos que servimos positiva ou negativamente.

Um exemplo concreto é o da queda do avião nos Alpes Suíços, em 24 de março de 2015. As pessoas ficaram perplexas ao se depararem com a notícia de que um copiloto, de forma premeditada, arremessou o avião nas montanhas dos Alpes, culminando na morte de 150 pessoas. Nesse caso, em pleno exercício do cargo, essa pessoa perdeu completamente a essência da expressão "ser cidadão" e renegou os direitos que os demais tripulantes e passageiros tinham de continuar a viver (G1, 2015).

Conforme diversos relatos, o copiloto tinha problemas de depressão, mas omitiu esse fato da empresa, o que impediu o setor de gestão de pessoas da organização de tomar as providências cabíveis. Isso serve de alerta para a administração de pessoas estar mais atenta em relação aos prestadores de serviços sob sua gestão.

Também não se deve negligenciar outras atividades que, de acordo com a função exercida, trazem frustrações e outras consequências nefastas à vida dos outros.

Portanto, quando as pessoas se candidatam a cargos públicos e privados, faz-se necessário estar ciente de que, ao ser empossado no respectivo cargo, este deve ser exercido também na condição de cidadão.

O setor de gestão de pessoas enfrenta diversos desafios, pois lida com pessoas. Um deles é o de capacitar tanto os recém-ingressos como os veteranos sobre papel deles na organização; são desenvolvimentos contínuos, incessantes e orientados sobre que entrega o colaborador deve ter naquela organização e na comunidade a qual pertence. A missão do gestor de pessoas é menos árdua quando os colaboradores são mais conscientes e se preocupam com o bem maior: as próprias pessoas que vão receber o serviço.

Para melhor compreender o que pretendemos explorar, é necessário estabelecer a diferença entre agente político, agente público e servidor público. O texto a seguir, do Ministério da Transparência, Fiscalização e Controladoria-Geral da União, apresenta tais diferenças.

> **Qual a diferença entre agente político, agente público, servidor público, empregado público?**
>
> O agente político é aquele detentor de cargo eletivo, eleito por mandatos transitórios, como os Chefes de Poder Executivo e membros do Poder Legislativo, além de cargos de Ministros de Estado e de Secretários nas Unidades da Federação, os quais não se sujeitam ao processo administrativo disciplinar.
>
> O agente público é todo aquele que presta qualquer tipo de serviço ao Estado, funções públicas, no sentido mais amplo possível dessa expressão, significando qualquer atividade pública. A Lei de Improbidade Administrativa (Lei nº 8429/92) conceitua agente público como *"todo*

aquele que exerce, ainda que transitoriamente ou sem remuneração, por eleição, nomeação, designação, contratação ou qualquer outra forma de investidura ou vínculo, mandato, cargo, emprego ou função nas entidades mencionadas no artigo anterior". Trata-se, pois, de um gênero do qual são espécies o servidor público, o empregado público, o terceirizado e o contratado por tempo determinado.

Servidores públicos são ocupantes de cargo de provimento efetivo ou cargo em comissão, regidos pela Lei nº 8.112/90 e são passíveis de responsabilização administrativa, apurada mediante processo administrativo disciplinar ou sindicância de rito punitivo.

O empregado público pode ter duas acepções:

a. Ocupante de emprego público na administração direta, autarquias e fundações, nos termos da Lei 9.962/2000, contratados sob regime da Consolidação das Leis do Trabalho (CLT). A rescisão desses contratos, em ato unilateral da administração, deve ser precedida de procedimento administrativo, com garantias ao empregado de participação na produção de provas, ampla defesa e julgamento impessoal.

b. Ocupante de emprego público na administração pública indireta, nas empresas públicas, nas sociedades de economia mista e nas fundações públicas de direito privado. Também são contratados sob regime da CLT.

O agente público contratado por tempo determinado desempenha funções públicas desvinculadas de cargos ou de empregos públicos, de forma precária e temporária, como os contratados por tempo determinado para necessidade temporária de interesse público, desobrigados de concurso público. Regulados pela Lei nº 8.745, de 09/12/93, não se sujeitam aos dispositivos da Lei nº 8.112/90.

Fonte: Brasil, 2014, grifos do original.

Com base nessa distinção, podemos afirmar que o servidor público é investido no cargo em conformidade com a Lei n. 8.112, de 11 de dezembro de 1990 (Brasil, 1991), e a CF/1988, que, em seu

Título III – Da Organização do Estado, Capítulo VII, dispõe: "Da Administração Pública, do Artigo 37 ao 69, tanto aquele contratado sob o regime estatutário como o do regime celetista" (Brasil, 1988).

De acordo com o histórico brasileiro, as primeiras pistas da identificação dos profissionais dedicados aos trabalhos públicos datam do período colonial, quando a Família Real portuguesa, no ano de 1808, instalou-se no Rio de Janeiro, havendo a necessidade de pessoas que auxiliassem na Administração Pública. E também posteriormente, com o advento do novo momento brasileiro da mudança do sistema imperial para o republicano.

O primeiro marco que reconheceu legalmente o funcionário público foi o Decreto-Lei n. 1.713, de 28 de outubro de 1939 (Brasil, 1939), que dispõe sobre o Estatuto dos Funcionários Públicos Civis da União. Nesse contexto, Getúlio Vargas, em 1943, estabeleceu o dia 28 de outubro como o Dia do Funcionário Público.

Posteriormente, a designação *funcionário público*, utilizada desde 1939, foi substituída com o advento da Lei n. 8.112/1990, que "Dispõe sobre o regime jurídico dos Servidores Públicos civis da União das Autarquias e das fundações pública federais" (Brasil, 1991), nascendo assim a expressão *servidor público*.

2.6 *A evolução da gestão de pessoas no Brasil*

Para apresentar a evolução da gestão de pessoas, faremos alguns recortes históricos, uma vez que não há como dissociar os indivíduos das revoluções sociais, pois se trata do desenvolvimento das organizações e, consequentemente, do Estado e da população.

Na Grécia, por volta do ano 750 ao ano 600 a.C, os gregos instituíram as empresas "coloniais", ou seja, por meio de colonização de outros povos. Outro ponto forte dos gregos era o comércio, que, consequentemente, desenvolveu a indústria da época (História do mundo, 2017).

No ano de 594 a.C., houve uma revolta entre os nobres e a população. Sólon foi designado para encontrar uma solução legal. Dessa forma, foram estabelecidas quatro classes de acordo com o rendimento das terras: (1) os grandes proprietários; (2) os cavaleiros; (3) os pequenos agricultores; e (4) os jornaleiros. Porém, esse modelo não agradou a nenhuma categoria. Apesar das revoluções que se seguiram, podemos afirmar que essa divisão, de certa forma, permanece até hoje; o que muda são as designações das classes: alta, média e baixa (Beer, 1944).

Outra contribuição a ser destacada sobre divisão de classe e as relações de produção é a do pensador Karl Marx, em um dos trechos do prefácio da sua obra *Contribuição à crítica da economia política*:

> O conjunto das relações de produção constitui à estrutura econômica da sociedade base concreta sobre a qual se eleva uma superestrutura jurídica e política e a qual correspondem determinadas formas de consciência social. O modo de produção da vida material condiciona o desenvolvimento da vida social, política e intelectual em geral. Não é a consciência dos homens que determina o seu ser; é o seu ser social que, inversamente, determina a sua consciência. Em certo estádio de desenvolvimento, as forças produtivas materiais da sociedade entram em contradição com as relações de produção existentes ou, o que é a sua expressão jurídica, com as relações de propriedade no seio das quais se tinham movido até então. Estas relações transformam-se de formas de desenvolvimento das forças produtivas em seus entraves. Abre-se então uma época de revolução social. (Marx, 1859)

Também é válido novamente citar o período da Revolução Industrial na Inglaterra, país inicialmente agrário, mas que se desenvolveu rapidamente no campo industrial a partir do século XVIII.

Quando se faz uma retrospectiva da evolução formal do trabalho, seria natural nos depararmos com o aparecimento de uma área que viesse a cuidar das pessoas, ou seja, pessoas cuidando de pessoas. Mas a história mostra que o setor de departamento pessoal inicialmente tinha como objetivo tratar das questões burocráticas e fiscalizadoras; as pessoas eram tratadas como se fizessem parte do maquinários, eram observadas como objetos. O importante era a produtividade (Silva et al., 2011).

Nessa linha de raciocínio, o filme *Tempos Modernos*, de Charlie Chaplin, retrata bem essa condição humana: teve como cenário os Estados Unidos na década de 1930 e foi produzido um ano depois da grande depressão, que levou milhares de pessoas a ficarem desempregadas, gerando fome e miséria. (HistóriaNet, 2017). No filme, Charlie Chaplin interpreta um operário que critica o sistema da época, as famosas linhas de montagem, que ficaram conhecidas como um processo de alienação, em que o trabalhador produzia sem saber o que realmente estava produzindo. Assim, o importante era o resultado em larga escala, sem a preocupação com as pessoas, a saúde, a remuneração, os benefícios etc. Se os funcionários ficassem doentes, pouco importava, eram demitidos sumariamente e sem prestação alguma de assistência (HistóriaNet, 2017).

Voltando mais no tempo, nos Estados Unidos, a expressão *Personal Office* surgiu em 1890, na empresa NCR. O surgimento da gestão de pessoas ocorreu em razão da necessidade de se buscar empregados capacitados a produzirem mais com menor custo salarial. Isso corrobora nossa assertiva de que o departamento pessoal era meramente burocrático, e a visão estratégica da época era de selecionar pessoas que dessem conta das necessidades produtivas (Fischer, 2002).

O Brasil também teve a sua trajetória em relação à evolução da gestão de pessoas. É interessante examinarmos o percurso dos fatos, iniciando pela proclamação da Independência do Brasil, que ocorreu em 1822. O marco principal desse momento foi a instauração da primeira Constituição Federal, de 11 de dezembro de 1823, promulgada em 25 de março de 1824.

> O marco principal desse momento foi a instauração da primeira Constituição Federal, de 11 de dezembro de 1823, promulgada em 25 de março de 1824.

Esse documento é a lei máxima do país e tem como objetivo estabelecer a forma de governo e os principais direitos das pessoas. Em uma comparação bem simplista, trata-se do manual de pessoas e a viga-mestra dos ordenamentos jurídicos (Abreu, 2005).

Abreu (2005) considera que as primeiras relações de trabalho na legislação brasileira foram estabelecidas pela Lei de 13 de setembro de 1830 (Brasil, 1830), que objetivou regular os contratos formais no que se refere às prestações de serviços.

> Regula o contracto por escripto sobre prestação de serviços feitos por Brazileiro ou estrangeiro dentro ou fóra do Imperio.
>
> D. Pedro I, pela Graça de Deus, e Unanime Acclamação dos povos, Imperador Constitucional, e Defensor Perpetuo do Brazil. Fazemos saber á todos os Nossos Subditos que a Assembléa Geral Decretou, e Nós Queremos a Lei seguinte [...]. (Brasil, 1830)

É possível afirmar que o gestor de pessoas da época era D. Pedro I e que alguns termos utilizados, como *defensor, nossos súditos, nós queremos*, transmitiam a sensação de segurança de que seriam atendidas as necessidades do povo. Essa lei foi um grande marco histórico porque passou a regular a principal relação entre as pessoas e as instituições: o contrato de trabalho.

A gestão de pessoas, para que possa cumprir com os seus objetivos – gerir pessoas em uma organização –, necessita de instrumentos regulatórios. Portanto, no momento em que, no Brasil, surgem ordenamentos jurídicos, podemos considerar que também se estabelece o marco oficial da administração das pessoas (outras denominações apareceram no decorrer do tempo, como *administração do setor de recursos humanos, relações industriais e gestão de pessoas*). O importante no que concerne a essa área é sua missão: cuidar das relações dos trabalhos entre as organizações e as pessoas.

O Quadro 2.3 apresenta uma breve retrospectiva brasileira das nomenclaturas utilizadas para indicar o departamento responsável pelas relações entre pessoas e organizações, tomando como base os estudos da Linha do Tempo do Centro de Pesquisa e Documentação da História Contemporânea do Brasil da Fundação Getulio Vargas (FGV).

Quadro 2.3 – Linha do tempo

Nomenclatura	Período	Principais características
Capataz	Até 1930	• produção agrícola, manufatura, época da escravatura (oficialmente até 13 de maio de 1888) e emprego de estrangeiros (regulada a entrada no Brasil pelo Decreto de 25 de novembro de 1808) nas diversas culturas agrícolas (expansão a partir de 1889); • principais ofícios eram exercidos em ferrovias, portuários e indústrias têxteis; • 1917 a 1920 – período de fortalecimento dos movimentos operários brasileiros; • dezembro de 1919 – criação do Departamento Nacional de Saúde Pública; • 24 de abril 1919 – instalada a Ford Brasil; • 1º de maio de 1919 – fabricação do primeiro Ford T; • 1921 – criação da lei para expulsar os estrangeiros que fomentavam os movimentos operários e distúrbios no Brasil; • 1924 – início da fabricação de aço pela Companhia Siderúrgica Belgo-Mineira; • 1926 – lei de férias; • 1926/1927 – regulação da lei do trabalho para menores.

(continua)

(Quadro 2.3 – continuação)

Nomenclatura	Período	Principais características
Setor de pessoal	1930 até 1954	• Estado Novo – Era Vargas (Presidente Getúlio Vargas – 1951 até 1954); • 14 de novembro de 1930 – criação do Ministério da Educação e Saúde Pública; • 26 de novembro de 1930 – criação do Ministério do Trabalho, Indústria e Comércio; • 1º de maio de 1943 – Decreto-Lei n. 5.452, que criou a Consolidação das Leis do Trabalho; • 30 de julho de 1938 – criação do Departamento Administrativo do Serviço Público (Dasp); • 1946 – criação da Companhia Siderúrgica Nacional de Volta Redonda (RJ); • 1953 – Lei n. 2.004, de 3 de outubro, que criou a Petróleo Brasileiro S/A.
Relações industriais	1955 a 1961	• período de desenvolvimento econômico brasileiro conhecido como *nacional-desenvolvimentista*; • Era JK (Juscelino Kubitschek, Presidente de 1956 a 1961), que era destemido e inconformado com a estagnação do país; • 1956 – criação da Grupo Executivo da Industria Automobilistica (Geia); • 1958 – Acordo Internacional do Café; • 1959 – rompimento com o FMI, apostando-se em crescimento com inflação; • 1960 – inauguração da capital federal – Brasília; • período de grande migração das regiões do Nordeste para o Sudoeste, onde se estabelecia a grande expansão industrial; • abertura das multinacionais (período de entradas das indústrias de bens duráveis, como automóveis e eletrodomésticos); • criação do setor de relações industriais, modelo importado das empresas oriundas dos Estados Unidos.

(Quadro 2.3 – continuação)

Nomenclatura	Período	Principais características
Departamento de Recursos Humanos	1964 a 1985	• O que o Brasil evoluiu no período JK foi perdido nesse período, impregnado de uma legislação austera, fechamento da economia e graves restrições para a entrada de tecnologia estrangeira; • instalação da ditadura militar e estagnação econômica do país; • o setor de recursos humanos era voltado para admitir e demitir, e as poucas capacitações eram centradas na produtividade; • 31 de março de 1964 (golpe militar) – João Goulart foi deposto e passou a ser presidente do Brasil o General Castelo Branco. • 13 de dezembro de 1968 (AI-5) – ato institucional mais ditatorial implantado no país, que fechou o Congresso, mandou prender JK e impôs inúmeras restrições ao Brasil; • 1969 – tomava posse como presidente o general Garrastazu Médici – época em que se intensificaram as restrições e torturas, mas também período marcado por ter alcançado bons resultados econômicos; • na década de 1970, o modelo adotado nas empresas era o taylorismo, sistema de linhas de produção; • 1974 a 1979 – o quarto presidente do regime militar tomava posse, Ernesto Geisel, que enfrentou a crise do petróleo e iniciou o processo de redemocratização; • 12 de julho de 1977 – acontecia o grande movimento operário em São Bernardo do Campo/SP, liderado por Luiz Inácio da Silva (Lula), mas foi em 1978 que intensificou a greve na porta da Saab-Scania e reascenderam manifestações que não eram vistas desde 1964; • 1979 a 1985 (quinto ditador no poder João Baptista Figueiredo) – na época, o país passava por uma grande recessão econômica e movimentos grevistas;

(Quadro 2.3 – continuação)

Nomenclatura	Período	Principais características
Departamento de Recursos Humanos	1964 a 1985	• 1980 – as empresas procuravam se reinventar aplicando novas metodologias de qualidade total em razão do advento da globalização. • 27 de novembro de 1983 – primeiro comício "Pró-Diretas Já" para que fosse escolhido o presidente do país pelo povo; • 25 de janeiro de 1984 – primeiro grande comício em São Paulo pelas Diretas Já (ocorrido novamente em abril do mesmo ano); • 1985 – ainda de forma indireta, foi escolhido o presidente Tancredo Neves, que veio a falecer, e quem ficou em seu lugar foi o vice, José Sarney.
Departamento de Recursos Humanos	1986 a 2003	• 1985 a 1990 (José Sarney) – alto índice inflacionário assolava o Brasil; anos de enfrentamento por meio de vários planos econômicos; • 1990 a 1992 (Fernando Collor de Melo) – apesar de ter sido deposto por meio do *impeachment*, foi neste governo que ocorreu a abertura do mercado estrangeiro; • a década de 1990 enfrenta a concorrência, o que vai impulsionar o setor de recursos humanos a se estruturar para as exigências impostas de "quem for o melhor é que sobreviverá"; • 1992 a 1994 (Itamar Franco) – com o retorno da inflação conseguiu passar o período com a "desindexação"; • 1995 a 2003 (Fernando Henrique Cardoso – FHC) – conseguiu estabilizar a inflação e iniciou a privatização das empresas estatais.

(Quadro 2.3 – conclusão)

Nomenclatura	Período	Principais características
Desenvolvimento de pessoas, gestão de pessoas e outras denominações	2003 a 2014	• 2003 a 2010 – Luiz Inácio Lula da Silva (Lula); • 2011 a 2014 – Dilma Rousseff; • período em que o Brasil teve a maior geração de empregos formais e redução de desigualdades; • 2015 a 2018 (Dilma Rousseff é reeleita) – o Brasil enfrentou, desde 2014, um baixo crescimento econômico, e 2015 foi um ano que iniciou com o desemprego, a queda no desenvolvimento econômico e os escândalos de corrupção.

Fonte: Elaborado com base em FGV, 2017.

Pelo quadro evolutivo, é possível constatarmos que o Brasil enfrentou diversos cenários econômicos, e o setor de recursos humanos também; sua evolução e maturidade aconteceu em meio a essa complexidade política.

Para saber mais

Conheça mais sobre a Constituição Federal do Brasil e a história da administração de recursos humanos consultando os textos indicados a seguir.

A indicação de leitura sobre a evolução histórica da área permite conhecer como a administração de recursos humanos se desenvolveu em nosso país, presente a cada cenário das relações do trabalho constituídas ao longo das fases organizacionais. A linha do tempo reproduzida pela UNE complementa as influências dos fatos históricos nas organizações.

ESCOLA BRITANNICA. **Constituição.** Disponível em: <http://escola.britannica.com.br/article/481046/constituicao>. Acesso em: 10 out. 2017.

EVOLUÇÃO histórica da ARH no Brasil. Disponível em: <https://pt.slideshare.net/BernardoLima1/arh-2-evoluo-histrica-do-rh-no-brasil> Acesso em: 10 out. 2017.

UNE – União Nacional dos Estudantes. **Linha do tempo.** Disponível em: <http://www.une.org.br/descomemoracaodogolpe/#/step-124>. Acesso em: 10 out. 2017.

Síntese

Neste capítulo, verificamos que a Administração Pública no cenário de transformação da sociedade – no que se refere ao mundo do trabalho – sofreu influência dos novos modelos da administração, que tinham como pontos principais atuar de forma organizada e gerenciar as pessoas com o propósito do aumento de capital e, na gestão pública, atender às expectativas dos usuários desses setores.

O trabalhador deixou de ser um reprodutor de movimentos para fazer parte do processo e da criação de ações, mudança que também ocorreu na gestão pública.

No que tange à gestão pública, abordamos os princípios da administração, previstos na Constituição Federal, em seu art. 37. Também apresentamos os modelos que já estiveram presentes na gestão pública: o patrimonialista, o burocrático e o gerencial. O gerencial se apropriou das ferramentas da administração privada, as quais foram respectivamente adaptadas aos organismos públicos em conformidade com a legislação.

Esclarecemos que a expressão *servidor público* carrega semelhanças com o significado da palavra *servir*, que se encontra interligada com o termo *cidadania*.

Também estabelecemos o contexto histórico de alguns países e do Brasil no que se refere às organizações e às relações sociais, bem como a consequência disso na gestão e administração de pessoas, que, ao longo do caminho, foi evoluindo e amadurecendo.

Questões para revisão

1. Relacione os princípios da gestão pública aos respectivos conceitos e, em seguida, assinale a alternativa que apresenta a sequência correta:

    (1) Princípio da legalidade
    (2) Princípio da moralidade
    (3) Princípio da publicidade
    (4) Princípio da impessoalidade
    (5) Princípio da eficiência

    ( ) Controla, fiscaliza e cobra a execução das leis na Administração Pública e, quando identificado ato, ação ou procedimento ilegal, acontece uma denúncia ao Ministério Público ou órgão de alcance.

    ( ) Consiste em disponibilizar para a sociedade todas as informações sobre a Administração Pública, os gastos, a arrecadação e as aplicações do governo.

    ( ) A lei é o poder: art. 5º, inciso II, da CF de 1988: "ninguém será obrigado a fazer ou deixar de fazer alguma coisa senão em virtude de lei".

    ( ) Esclarece que os serviços prestados pelo administrativo devem ser de qualidade e com a busca constante da eficiência em servir.

( ) Todas as ações devem estar focadas no interesse coletivo.

a. 3, 2, 4, 5, 1.

b. 2, 3, 1, 5, 4.

c. 2, 3, 5, 1, 4.

d. 5, 2, 1, 3, 4.

2. É o princípio que garante a neutralidade nas decisões, nos processos e nos julgamentos cabíveis à administração do governo. Todas as ações devem estar focadas no interesse coletivo. Por exemplo, para ser um servidor da Administração Pública, é preciso ser concursado, ou seja, as contratações de trabalhadores na Administração ocorrem por meio de provas de competências, conhecimento e experiência, e nunca por indicação. Essa definição corresponde a qual princípio?

3. Complete as lacunas a seguir. Na sequência, assinale a alternativa correta:

O colaborador precisa também ser _____ pelo seu _____. O reconhecimento é o principal impulsionador da _____. Um colaborador motivado é um colaborador produtivo. Quanto mais produtivo ele for, maior serão seus rendimentos profissional e pessoal. O indivíduo precisa estar em harmonia, sentir-se útil e reconhecer-se parte da _____.

a. reconhecido; valor; remuneração; organização.

b. valorizado; potencial; remuneração; gerência.

c. reconhecido; trabalho; motivação; organização.

d. valorizado; valor; motivação; gerência.

4. De Plácido e Silva (1989, p. 228) ensina que a palavra *servidor* significa:

> De servir, é o vocábulo, em sentido lato, aplicado para designar toda pessoa que exerce uma atividade pública ou particular, de ordem material, técnica ou intelectual, mediante emprego, cargo ou locação. Assim, quem quer que sirva a outrem, na qualidade de empregado, preposto ou funcionário, é um servidor. Desse modo, embora na linguagem vulgar, servidor seja tido no mesmo sentido de serviçal, ou doméstico, designando cargo ou emprego de inferior categoria, na técnica jurídica, servidor é tomado em significação mais ampla, não exprimindo somente os cargos humildes. É comum, mesmo, empregar-se a expressão genericamente, para indicar os funcionários públicos, sem referência às respectivas classes ou categorias. Nestas circunstâncias, servidores do Estado é expressão que designa toda e qualquer espécie de empregado, ou funcionário público.

Com base nesse conceito, marque V para as afirmações verdadeiras e F para as falsas. Em seguida, assinale a alternativa que apresenta a sequência correta:

( ) A palavra *servir* tem um sentido amplo, abraçando tanto os empregados das empresas privadas quanto os da Administração Pública.

( ) A palavra *servir* tem um sentido restrito, alcançando somente a Administração Pública.

( ) As tarefas voluntárias de auxílio ou de prestação serviços comunitários podem ser desempenhadas por qualquer pessoa, mesmo as que não trabalham para um tipo de regime jurídico definido.

( ) As tarefas voluntárias devem ser remuneradas a qualquer tempo, pois o voluntário está a serviço de alguém.

a. V, V, F, F.
b. V, F, V, F.
c. F, V, F, V.
d. F, F, F, V.

5. Descreva as características de cada agente indicado a seguir:
   a. agente político.
   b. agente público.
   c. servidor público.
   d. empregado público.

Questões para reflexão

1. É característico no modelo gerencial adaptar as ferramentas administrativas usuais na administração privada aos setores públicos, principalmente no que se refere às metas de eficiência e qualidade. Você consegue identificar no serviço público esse modelo gerencial? Explique.

2. Será que de fato as pessoas prestam o serviço para o qual de forma voluntária resolveram candidatar-se? Prestamos um concurso público, nos preparamos de forma técnica para tal cargo, e, quando assumimos o cargo, estamos contribuindo satisfatoriamente para ele? Quando prestamos um serviço

voluntário nos sentimos mais cidadãos do que exercendo o cargo do qual depende nosso sustento?

3. Leia a seguir o trecho do livro *Cidadania do Brasil* (Carvalho, 2002) e indique o que você considera importante para as relações de trabalho.

> Foi com base no exercício dos direitos civis, nas liberdades civis, que os ingleses reivindicaram o direito de votar, de participar do governo de seu país. A participação permitiu a eleição de operários e a criação do Partido Trabalhista, que foram os responsáveis pela introdução dos direitos sociais.
>
> Há, no entanto, uma exceção na sequência de direitos, anotada pelo próprio Marshall. Trata-se da educação popular. Ela é definida como direito social mas tem sido historicamente um pré-requisito para a expansão dos outros direitos.
>
> Nos países em que a cidadania se desenvolveu com mais rapidez, inclusive na Inglaterra, por uma razão ou outra a educação popular foi introduzida. Foi ela que permitiu às pessoas tomarem conhecimento de seus direitos e se organizarem para lutar por eles. A ausência de uma população educada tem sido sempre um dos principais obstáculos à construção da cidadania civil e política [...] (Carvalho, 2002, p. 11)

❖ ❖ ❖

capítulo três

O comportamento humano nas organizações

Conteúdos do capítulo:

- O ser humano.
- As organizações e as pessoas.
- O que as pessoas esperam das organizações.
- O que as organizações esperam das pessoas.
- Equilíbrio emocional.
- Avaliação de desempenho.
- Gestão competente.
- Motivação.
- Administração de conflitos.
- O papel do líder nas organizações públicas e privadas.
- Comunicação e poder.
- Canais de comunicação.
- Conflitos no ambiente de trabalho.

Após o estudo deste capítulo, você será capaz de:

1. compreender os termos *sentido* e *percepção*;
2. identificar o que os profissionais esperam das organizações;
3. refletir sobre equilíbrio emocional;
4. aplicar a avaliação de desempenho nas empresas;
5. conceituar *universidade corporativa* e *gestão competente*;
6. reconhecer o perfil de profissional inovador e o papel do líder;
7. definir *motivação*;
8. entender a comunicação organizacional;
9. evitar conflitos no ambiente de trabalho.

Neste capítulo, analisaremos o ser humano e sua identificação com tudo o que o rodeia por meio do sentido e da percepção, o que faz que cada um seja um ser único. No que diz respeito às relações organizacionais, esses diferenciais são de extrema relevância, pois a forma de percepção conduz o comportamento e a conduta.

3.1 O ser humano

O ser humano é complexo, tem o dom da transformação da natureza em bens que podem beneficiar tanto uma quanto centenas de pessoas e consegue inventar coisas inimagináveis. A principal diferença em relação aos demais seres é a racionalidade; a **percepção** do mundo.

Maturana e Varela (1995) apresentam uma questão muito interessante sobre a situação dos seres humanos, que, apesar de conseguirem feitos grandiosos e explorarem novos mundos, não conseguem desvendar a si mesmos e, por isso, talvez tenham dificuldade de conviver com outros indivíduos.

Tomando como base essa perspectiva, percebemos que, nas organizações, um dos maiores entraves é o trabalho em equipe.

Na maioria das capacitações, enfatiza-se a necessidade da empatia, ou seja, de se colocar no lugar do outro. Esse desentendimento ocasiona vários problemas internos nas organizações. A perda de criatividade e de produtividade, muitas vezes, está aliada ao egoísmo individual, perdendo-se a oportunidade de conhecer as opiniões e sugestões do outro.

Em um trecho do livro *Vamos mudar*, Stadler Junior (1992, p. 9, grifo do original) enfatiza que: "Nós somos exatamente aquilo que pensamos. Podemos ter tudo o que desejarmos em nossas vidas; não importa onde estejamos, desde que façamos uso de nossa maior riqueza no universo. **A mente**".

Com base nessa assertiva, é possível afirmar que o ser humano pode ser o que desejar, sem que isso comprometa o pensamento e o desejo do outro. O respeito está em extinção. As pessoas desejam que sua opinião prevaleça sobre tudo e todos. Elas têm entrado em uma rota muito perigosa, que é o individualismo exacerbado, não abrindo espaço para o convívio saudável.

A citação de Stadler (1992) remete ao pensamento positivo, que o autor utiliza em um dos capítulos de seu livro, para deixar clara a força que tem a mente humana. As pessoas devem acreditar que é possível conquistar o que parece impossível. Os empecilhos advindos dos pensamentos passam a ser factíveis no mundo real.

Quanto mais cativantes forem os pensamentos positivos e maior a crença de que o outro tem boas ideias e a pretensão de contribuir, permitindo que assim proceda, mais o trabalho se torna ágil, e a convivência, prazerosa. Muito se fala em ser feliz no trabalho, mas o que proporciona essa felicidade? São as instalações luxuosas ou são as relações humanas?

Também é fundamental entender do que se trata a percepção, pois ela contribui na apreensão por meio dos **sentidos** (olfato, paladar, tato, visão e audição), que proporcionam a interação e a integração com o ambiente no qual se vive.

> Quanto mais cativantes forem os pensamentos positivos e maior a crença de que o outro tem boas ideias e a pretensão de contribuir, permitindo que assim proceda, mais o trabalho se torna ágil, e a convivência, prazerosa.

O Quadro 3.1 apresenta os receptores em suas três modalidades. Vejamos:

Quadro 3.1 – Tipos de receptores

Tipos de receptores	Sensação
Exteroceptores	Respondem a estímulos externos, originados fora do organismo.
Proprioceptores	Conseguem detectar a posição do indivíduo no espaço, assim como o movimento, a tensão e o estiramento muscular.
Interoceptores	Respondem a estímulos viscerais ou outras sensações como sede e fome.

Fonte: Adaptado de Brasil, 2017d, p. 3.

O Quadro 3.2 elenca os cinco sentidos, suas funções e o órgão do corpo humano correspondente.

Quadro 3.2 – Os cinco sentidos

Sentido	Função	Órgão
Tato	Percepção de mudanças de temperaturas, pressão atmosférica etc.	Pele
Paladar	Percepção de diversos sabores	Língua
Olfato	Percepção de diversos aromas	Fossas nasais
Audição	Captação dos sons	Ouvidos
Visão	Distinção de cores, formas etc.	Olhos

Fonte: Elaborado com base em Brasil, 2017d, p. 3.

Por meio dos cinco sentidos, o ser humano é aquilo que ele consegue perceber conscientemente. Cada pessoa pode ter interpretações e visões bem diferenciadas de um mesmo fato ou indivíduo. Por exemplo: determinado perfume pode ser bem agradável para alguns, mas muito ruim para outros, da mesma forma ocorre com o sabor e com a percepção de obras de artes. Uns dizem que certa pessoa é muito agradável, porém, para outros, ela pode ser bem desagradável. Existe uma frase popular comumente utilizada que define muito bem essa questão: "O que seria do vermelho se todos gostassem apenas do amarelo?" Portanto, a realidade de cada pessoa se forma de acordo com as experiências as próprias percepções.

Nas organizações, essas vivências são de extrema importância, auxiliando nas tarefas atribuídas aos profissionais. Daí a grande importância de todos respeitarem as opiniões contrárias, porque cada um tem muito a contribuir em qualquer atividade. A diversidade no ambiente de trabalho viabiliza o sucesso da organização.

Lotz e Gramms (2012) destacam que, nas organizações, as pessoas precisam ter inteligência emocional, que é representada pelas dimensões expostas no Quadro 3.3.

Quadro 3.3 – Dimensões da inteligência emocional

Dimensão	Habilidade de
Autoconscientização	compreender as emoções
Autocontrole	controlar as próprias decisões
Motivação	motivar a si mesmo
Empatia	compreender o que os outros sentem
Habilidade social	competência na criação e na manutenção dos relacionamentos

Fonte: Adaptado de Lotz; Gramms, 2012, p. 46.

A má administração das emoções pode ocasionar conflitos, que não se manifestam somente nas organizações, mas também nas relações sociais em que o ser humano está inserido. Quanto mais entendermos o outro e o contexto da situação, mais corretamente podemos agir.

Covey (2006) ensina que o primeiro hábito a ser aprimorado e aplicado é a **proatividade**, que depende unicamente do indivíduo. Dessa forma, é possível reafirmar que a mente é muito poderosa e pode alcançar o que quiser desde que os pensamentos sejam positivos.

O Quadro 3.4 apresenta as características das linguagens reativa e proativa.

Quadro 3.4 – Linguagem reativa e proativa

Linguagem reativa	Linguagem proativa
Não há nada que eu possa fazer.	Vamos procurar alternativas.
Sou assim e pronto.	Posso tomar outra atitude.
Ela me deixa louco.	Posso controlar meus sentimentos.
Eles nunca vão aceitar isso.	Vou fazer de forma que aceitem.
O chefe quer que eu faça assim.	Preciso encontrar uma maneira melhor.
Não posso.	Eu escolho.
Eu tenho.	Eu prefiro.
Ah, se eu pudesse.	Eu vou fazer.

Fonte: Adaptado de Lotz; Gramms, 2012, p. 67.

É possível concluir que as respostas estão com os próprios indivíduos, que devem insistir na positividade dos pensamentos e buscar ações proativas, o que refletirá na linguagem os desarmará diante do outro. É recomendável utilizar mais os sentidos, evitar julgamentos e entender todo o contexto que permeia a situação.

3.2 As organizações e as pessoas

Da mesma forma que as empresas esperam dos colaboradores proatividade, ética, cumprimento das atividades, estes esperam das organizações a mesma receptividade. Quando um profissional se candidata a uma oportunidade de emprego, deve analisar se a atividade que vai exercer está em consonância com sua cultura e seus valores. Na fase da Revolução Industrial, as pessoas nem cogitavam fazer tais análises e, ainda hoje, essa realidade também não é a de todos. As fases de crise econômica obrigam os profissionais a aceitarem qualquer emprego.

Dependendo da situação, exige-se adaptação do colaborador em relação ao que é oferecido pelas organizações. Com o passar dos anos, a realidade mudou para melhor em muitas organizações, que passaram a compreender que os indivíduos necessitam de um ambiente agradável, com gestores com uma inteligência emocional que auxilia as pessoas em suas atividades.

> As organizações devem contar com pessoas preparadas para contribuir da melhor forma possível no ambiente de trabalho, propiciando o desenvolvimento dos colaboradores, e despertando a intenção de permanência na empresa.

No Capítulo 5, identificaremos, por meio da pesquisa do Great Place to Work (GPTW) – em português, "as melhores empresas para se trabalhar" –, que o indicador "oportunidade de crescimento" é o mais valorizado pelos profissionais (GPTW, 2015). Assim, a preocupação das empresas deve se voltar para disponibilizar um ambiente profissionalizado e agradável.

Uma melhor capacitação deve ser oferecida pela empresa e buscada pelos profissionais, de forma que ambos os lados entendam o que deve ser entregue. Muitos líderes querem parecer "importantes" e "donos do poder" e são esses gestores que transformam o ambiente de trabalho em um campo de batalha, em uma guerra de egos.

É essencial que as organizações deixem claro aos colaboradores e clientes sua missão, sua visão e seus valores. Trata-se de um primeiro passo para construir a cultura organizacional.

Como forma de detectar se as pessoas estão satisfeitas na organização, muitas empresas aplicam o questionário de **clima organizacional**, podendo ser adotado um modelo já pronto no mercado, como no caso do GPTW, bem como pode ser desenvolvido internamente.

Trata-se de uma ferramenta poderosa, que propicia às empresas diagnosticarem o que o capital humano espera delas, o que está dentro ou acima do esperado e as oportunidades de melhorias.

Contudo, é recomendável não esperar somente o momento da aplicação desse questionário. A empresa deve ter canais de comunicação para aproximar os colaboradores das lideranças no dia a dia. Quanto maior for essa proximidade, maior será o alcance dos objetivos, contando ainda com um ambiente amistoso aberto à criatividade.

Diniz (2009) também entende que as empresas deveriam observar outros aspectos para que as pessoas se sintam felizes no trabalho e relata:

> Podemos destacar pontos que são essenciais e que representam a grande expectativa do funcionário quando ingressa numa empresa. Merecem destaque: a liderança, senso de justiça e equidade, a transparência, senso de justiça e equidade, a transparência, o respeito, o reconhecimento, o aprendizado profissional, a possibilidade de desenvolvimento na carreira, estímulos para que se motive permanentemente, o "feedback" sobre o seu desempenho.

Senso de justiça e equidade são dois pontos destacados pelo autor que merecem nossa atenção. Parece simples: a empresa estabelece as políticas e esses aspectos são atendidos, mas não funciona exatamente desse modo. Apesar de uma empresa ter vários ordenamentos, isso não será suficiente se a alta gestão e os demais líderes não estiverem integralmente comprometidos, uma vez que o exemplo é dado principalmente pela alta direção. O tratamento deve ser equânime, a fim de evitar privilégios. A transparência faz com que as pessoas confiem em seus gestores, bem como traz respeito e reconhecimento – e este não precisa ser de forma pecuniária, a congratulação verbal é de grande valia. Por exemplo: existem vários programas que podem ser realizados sem que haja grandes gastos, como jornais internos publicados via intranet da empresa, os quais dão destaque àqueles que têm boas ideias.

> É muito importante o *feedback* construtivo diário: elogios merecidos, observações neutras e até um aviso mais sério; isso contribui para o desenvolvimento e o crescimento do profissional.

Atualmente, um novo conceito para fins de acompanhamento diário é o *feedforword*. Leite (2011) explica que o "Feedback é o princípio, mas feedforword, é o fim" e complementa: "Feedforword é 'olhar para a frente', é buscar otimizar os potenciais de cada profissional e, dessa forma, monitorar o processo de desenvolvimento para o futuro".

Pelo exposto, podemos afirmar que não é tão complicado ou difícil entender o que os indivíduos esperam das organizações, mas é necessário que elas façam sua parte e estimulem a gestão, neutralizando a arrogância da alta direção e fomentando a construção de equipes eficazes.

Recrutamento e seleção

Para estabelecer o que necessitam de seus profissionais, as organizações tem de dar o primeiro passo: entender qual é a sua cultura organizacional. As empresas precisam identificar como determinado candidato pode contribuir com a organização e, no momento da entrevista, verificar se existe compatibilidade com a cultura e os valores da organização.

Assim, a entrevista é essencial para identificar se o profissional realmente detém as competências necessárias para o novo desafio. Os gestores devem empregar mais tempo nessa etapa, pois a pressa em fazer as reposições pode trazer mais problemas futuros ao se tentar fazer com que as pessoas se adaptem a situações que não fazem parte de sua cultura e de seus valores. É sempre válido ressaltar que um bom técnico nem sempre é um bom gestor, e vice-versa.

Diante dessas necessidades, o setor de gestão de pessoas deve contar com ferramentas que auxiliem na identificação de profissionais que tenham "o mesmo DNA" da empresa, a fim de evitar consequências desastrosas.

No entanto, a gestão de pessoas não pode ser a única responsável por uma contratação inadequada, pelo contrário, os gestores é que são os principais atores dessas decisões. Em algumas vezes, as indicações são feitas levando em conta o lado emocional, pois pode tratar-se de um amigo que necessita do emprego e acaba sendo contratado sem efetivamente ter sido entrevistado de forma adequada e sem ter passado pelas etapas de seleção. Burlar esses passos corrompe as políticas internas da organização, pois, agindo dessa maneira, o gestor não demonstra comprometimento e, portanto, não é o gestor de que a organização necessita.

Tanto a gestão de pessoas quanto os líderes devem trabalhar juntos de forma estratégica, com vistas à cultura organizacional. O Quadro 3.5 apresenta algumas ferramentas que podem auxiliar o setor de gestão de pessoas e os líderes nessa missão.

Quadro 3.5 – Ferramentas no processo seletivo

Ferramentas	Indicadores
1. Critérios para recrutamento, seleção e promoção	Alinhados ao planejamento estratégico, valores do profissional e da organização.
2. Clareza de propósitos	Com resultados de médio prazo, os objetivos, os valores devem ser claros.
3. Percepção de imagem	A maneira como vários públicos ou *stakeholders* (partes interessadas) percebem a qualidade dos produtos ou serviços que uma empresa oferece.
4. Estimulo a novas ideias	O posicionamento da empresa diante das oportunidades de inovação.

(continua)

(Quadro 3.5 – conclusão)

Ferramentas	Indicadores
5. Valorização profissional	Oferecer possibilidade de crescimento.
6. Aprendizado	Estimular e propiciar oportunidades de desenvolvimento profissional.
7. Integração e comunicação	Estrutura da organização preparada para que a comunicação ocorra de forma simples e flexível.

Fonte: Adaptado de Lotz; Gramms, 2012, p.114-115.

Em uma primeira análise do Quadro 3.5, percebemos o quanto é importante o papel dos líderes e do setor de gestão de pessoas para que a cultura organizacional das empresas seja entendida e respeitada, principalmente ao se dar um bom exemplo aos demais profissionais.

> Quando a organização já sabe exatamente qual é sua cultura organizacional e estabelece sua missão, sua visão e seus valores, é porque essa cultura está bem disseminada entre os líderes e a gestão de pessoas.

Machado (2014) afirma que o principal fator que as organizações esperam é o comprometimento das pessoas e esclarece:

> Um profissional comprometido tem iniciativa e senso de responsabilidade. Quando ele realiza alguma tarefa não faz por fazer, pois sempre está um passo à frente, busca crescer, não espera ser cobrado para mostrar os resultados e tampouco fica parado à espera que as oportunidades caiam do céu. É um profissional que trabalha como se fosse dono do negócio, pois se dedica a melhorar constantemente.

Portanto, se o trabalhador tiver esse nível de comprometimento, com certeza a sua entrega será satisfatória. No momento em que o profissional executa suas atividades pensando no melhor para a organização, e não somente em salário e benefícios, ele compreende exatamente o que tem de fazer, vai além das expectativas e procura se desenvolver sem que a organização sinalize essa necessidade. A organização está, então, diante de um talento, de um profissional engajado.

É importante destacar a tênue diferença entre comprometimento e engajamento, pois, hoje, as empresas procuram profissionais engajados. O engajamento implica realizar além do esperado, diferentemente do comprometimento, que se restringe ao cumprimento de prazos e ao atingimento dos resultados esperados.

> *Para saber mais*
>
> No texto do Ministério da Educação, você conhecerá a importância dos cinco sentidos para nossa vida, e o ambiente que nos rodeia, pois se tratam de fortes aliados para a nossa sobrevivência. A obra de Covey remete a fazermos reflexão sobre os sete hábitos que fazem com que as pessoas se tornem bem sucedidas como a pro-atividade, leia o livro e conheça as outras seis.
>
> BRASIL. Ministério da Educação. Portal do Professor. **Plano de aula:** ciências – descobrindo os cinco sentidos. Disponível em: <http://portaldoprofessor.mec.gov.br/storage/materiais/0000016754.PDF>. Acesso em: 18 fev. 2017.
>
> COVEY, S. R. **Os 7 hábitos das pessoas altamente eficazes:** lições poderosas para a transformação pessoal. Rio de Janeiro: Best Seller, 2006.

3.3 *Equilíbrio emocional e avaliação de desempenho*

As ferramentas de seleção, como o equilíbrio emocional e a avaliação de desempenho, são instrumentos valiosos para que seja possível recrutar pessoas que atendam ao máximo às necessidades das atividades do respectivo cargo, bem como para auxiliar o recrutador a compreender qual é o perfil da pessoa, principalmente no que se refere ao equilíbrio emocional.

Equilíbrio emocional

Equilíbrio emocional equivale a manter-se emocionalmente calmo diante das intempéries enfrentadas no dia a dia das organizações. É necessário analisar o que leva um gestor ou um colaborador a perder o equilíbrio se as ações estão em sintonia com os valores e a cultura de cada um. Ou será que se trata de não ter paciência para ouvir a opinião ou a crítica do outro sobre determinado assunto? Seria bem mais fácil se as pessoas aceitassem o que está sendo dito sem questionar ou se não ocorresse nenhum problema na execução de determinado projeto.

É claro que os indivíduos não devem ser passíveis ao extremo e aguentar qualquer tipo de situação, mas devem se manter calmas diante do outro que está desequilibrado.

Essa calmaria evitaria que fosse perdido o equilíbrio emocional, fato que, por vezes, leva a decisões equivocadas. Pessoas que fazem a diferença nas organizações não tentam mudar os outros, antes, procuram mudar a si próprios.

O mundo organizacional ideal é utopia, mas é possível contribuir para que sejam minimizadas determinadas situações. Dessa forma, é necessário que os profissionais, independentemente do local em que executam suas atividades ou do cargo que ocupam, desenvolvam certas aptidões para evitar o desequilíbrio emocional, de modo que uma situação não os afetem nem os demais que a cercam.

Assim, quando está em jogo o desenvolvimento profissional, não podemos deixar de considerar a psique das pessoas: cada uma deve tomar consciência de suas limitações emocionais e buscar alternativas para não extrapolar o senso comum e o comportamento esperado em sociedade.

Devemos entender que a falta de equilíbrio emocional chega a ser uma falta de educação e de compostura. Às vezes, no trabalho, o profissional se depara com comportamentos tão nocivos que acabam por prejudicar as atividades que estão sendo realizadas. Há pessoas que se orgulham de dizer "comigo ninguém pode", "eu não levo desaforo para casa", "se bater tem troco" e por aí afora. É claro que os indivíduos não devem ser passíveis ao extremo e aguentar qualquer tipo de situação, mas devem se manter calmas diante do outro que está desequilibrado.

Não basta que o colaborador seja um profissional altamente qualificado se não puder desempenhar adequadamente suas atividades, e um dos pontos principais é justamente manter o próprio equilíbrio. É preciso controlar as emoções no momento de solicitar a execução de alguma atividade e, até mesmo, em razão de um problema que terá de ser resolvido de forma individualizada. As empresas têm procurado cada vez mais por gestores que conseguem manter a calma e tomar a decisão apropriada em situações que pareçam intransponíveis.

Dessa forma, a fim de alcançar o equilíbrio, a mudança tem que começar individualmente e internamente. Sobre esse assunto, Dyer (1976, p. 40) faz o seguinte questionamento: "Você é capaz de aceitar a si mesmo e não se queixar?". Essa é uma questão de grande relevância, porque não é possível se dedicar às atividades ou até mesmo aos enfrentamentos diários se a pessoa não se aceita. Dyer (1976, p. 40) responde à questão da seguinte forma:

> Amar a si mesmo significa aceitar-se como pessoa que tem valor porque decidiu ter valor. A aceitação significa também ausência de queixa: as pessoas que vivem plenamente jamais se queixam – não reclamam, especialmente,

> do fato que as rochas serem ásperas, do céu estar encoberto ou do gelo estar frio demais. Aceitação significa não reclamar e felicidade significa não reclamar daquilo sobre que nada se pode fazer.

A reflexão sobre si mesmo é essencial para que se possa aproveitar amplamente o desenvolvimento profissional. Muitos profissionais reclamam de ter de se aprimorar porque acreditam que não necessitam disso. Isso porque, além de reclamarem, por não terem autoconfiança, acreditam que são detentores da verdade absoluta.

A missão das organizações que se preocupam em desenvolver programas de capacitação para seus profissionais acaba sendo prejudicada quando esses perfis estão presentes, pois eles podem contaminar os demais.

As organizações procuram desenvolver os profissionais como facilitadores para que as pessoas executem as atividades que lhes são confiadas com mais facilidade e o resultado seja positivo. Quando os colaboradores sabem o que deve ser feito e como deve ser feito, o fazer será mais prazeroso. Contudo, de nada adianta toda a boa vontade da empresa se os colaboradores não estão interessados em participar de programas de capacitações.

A seguir, apresentaremos algumas técnicas de avaliação de desempenho organizacional que contribuem para o desenvolvimento profissional e que são úteis quando os profissionais participam e respondem com honestidade.

Administração de conflitos

Os líderes necessitam de equilíbrio emocional diante dos conflitos. Por isso, precisam estar preparados para ter habilidade de negociar com as partes envolvidas, de modo a dissipar o clima de hostilidade e propiciar que as partes cheguem a um resultado produtivo e positivo, que permitirá a exploração de oportunidades de crescimento conjunto, projetos de ajuda mútua e relacionamentos duradouros.

Gil (2012, p. 247) esclarece que:

> A palavra *negociação* frequentemente evoca imagens negativas. De um lado, traz a lembrança de negócios, de atividades empresariais menos nobres, em que sempre um ganha e outro perde. De outro, evoca o confronto ente nações ou organizações sociais, em que o resultado não raro é a rendição e, consequentemente, a humilhação de uma das partes.

Podemos dizer que a negociação é, na verdade, a arte da harmonização e do entendimento. O desafio maior é transformar os profissionais da empresa em negociadores habilitados para lidar com o clima ganha-ganha. O Quadro 3.6 destaca algumas situações em razão do conflito instaurado.

Quadro 3.6 – Negociação

	Perde-perde	*Ganha-perde*	*Ganha-ganha*
Conceito	Quando nenhuma das partes consegue o que quer.	Uma das partes consegue o que quer em detrimento da outra.	Todos os envolvidos se sentem satisfeitos.
Resultado	Geralmente, uma parte obtém este resultado devido à acomodação e procura evitar o confronto.	Pode ocorrer pela influência-poder, ou maior habilidade da parte na negociação.	Os dois lados reconhecem que há a necessidade de se chegar a um consenso.

(continua)

(Quadro 3.6 – conclusão)

	Perde-perde	Ganha-perde	Ganha-ganha
Futuro	É provável que irá retornar o conflito.	É provável que o conflito irá retorar.	São eliminados os motivos para a continuidade do conflito.

Fonte: Adaptado de Schermerhorn Junior; Hunt; Osborn, 1999, p. 273.

Se as organizações e as pessoas estiverem abertas a trabalhar em um clima de ganha-ganha, os profissionais, independentemente do cargo que ocupam, precisam estar preparados para participar de projetos de forma colaborativa.

O convívio entre as equipes de trabalho nem sempre é harmonioso, principalmente nos dias atuais, tendo em vista a intensificação dos canais virtuais de comunicação, que, por um lado, agilizam o processo de comunicação, por outro, afastam as pessoas do convívio, dificultando e fomentando um clima hostil.

França e Leite (2007) apresentam cinco conceitos referentes à inteligência emocional e que, no momento da negociação, podem ser usados para que o resultado final de fato seja satisfatório para os envolvidos no processo:

- autoconsciência: saber lidar com as emoções;
- emoções: ter controle dos impulsos;
- empatia: colocar-se no lugar do outro;
- automotivação: conhecer a realidade, tomar as dificuldades ou derrotas pelo lado positivo e persistir em busca dos objetivos;
- relacionamento: criar um clima de confiança e de aceitação.

Quando a equipe consegue um bom nível de maturidade e de convívio colaborativo, fica fácil perceber se há algum sabotador – aquele que dificulta e impede o desenvolvimento das tarefas – em razão da resistência à mudança ou à opinião da maioria. O sabotador age de forma a atender às suas necessidades, não às da equipe.

O líder deve, ao lado da equipe, identificar essas atitudes para que possa reorientar a pessoa. Por isso, deve ser capacitado para conduzir seu time a fim de evitar os conflitos ou de enfrentá-los.

O verdadeiro líder apresenta comprometimento irrestrito em ajudar os outros. Ele escuta, comunica, educa sempre de forma expressiva e inspiradora, independentemente de seu estilo de personalidade. Tem consistência e coerência permanente entre o que diz e o que almeja receber de seus liderados. Delega, não sem antes ensinar os detalhes da tarefa delegada. Fixa objetivos claros, desafiadores e atingíveis. Planeja sempre de maneira menos custosa o alcance de melhores resultados. Repassa seus conhecimentos sem se sentir ameaçado pelo liderado. Cria um clima de segurança para incentivar a inovação de tentativas e ações.

Outro grande gerador de conflitos no ambiente de trabalho são as fofocas. O líder deve estar atento para que isso não contamine o ambiente de trabalho.

A seguir, verificaremos quando a fofoca pode ser extremamente negativa nas relações de trabalho.

A fofoca como gerador de conflito no ambiente de trabalho

"A erva daninha que destrói uma organização." (Furbino, 2008).

A fofoca é tratada como interferência negativa no dia a dia das organizações, que acabam minando as consecuções dos objetivos e as relações interpessoais.

Mas será que sabemos lidar com esse tipo de conflito no ambiente organizacional? Sant'Anna (2009) faz a seguinte brincadeira:

> Quantos fofoqueiros são necessários para substituir uma lâmpada queimada? Três: um para realizar a tarefa operacional e reclamar pela lâmpada ter queimado e dois

> para colocar em prática os comentários negativos sobre a roupa de quem está trabalhando, a maneira como subiu e desceu da escada e, posteriormente, provocar comentários de como ficou o resultado da iluminação.

Um dos grandes dilemas de um gestor é saber em quem deve acreditar. Não existe um modelo que se aplica nessas situações. O que pode fazer é eleger alguns colaboradores em que possa confiar. Essas pessoas precisam ser neutras, apartidárias, ou seja, que não sofram ou exerçam influências sobre outros ou situações que estão em discussão. Em suma, o gestor precisa ter a "segunda opinião", a terceira, a quarta, a quinta, até que possa, enfim, ter uma posição formada e estruturada. E nunca, jamais, tomar decisões ou traçar uma diretriz sem ouvir os dois lados.

Na Administração Pública, esse processo é mais lento, mas não menos importante. Como já comentamos, a falsa ideia de impunidade de uma nomeação por concurso público, muitas vezes, é usada como amparo para negligências, maldades e intrigas.

Um gestor público deve, além de ser justo e apartidário em seus encaminhamentos e julgamentos, mostrar à sua equipe no que ele acredita. Não basta dizer aos seus colaboradores que está certo; ele deve fazer o certo, deve ser o exemplo, não comprando ideias e sugestões maldosas – deve sempre investigar. Aqui, nos referimos à neutralidade, e não à omissão.

Ser neutro é ouvir e não fazer julgamentos ou tomar partido imediatamente na situação. Investigar, levantar provas, ouvir mais pessoas, direta e indiretamente ligadas à denúncia e, principalmente, ouvir os dois lados. Ser omisso, por sua vez, é não dar importância ao que ouve, não investigar os fatos e, com essa atitude, não pôr fim a uma intriga, deixando que seja alimentada e mantida, de modo a interferir no bom andamento da equipe.

Avaliação de desempenho

Uma das técnicas de desenvolvimento profissional e que também propicia um clima mais favorável nas organizações, minimizando os conflitos e neutralizando a fofoca, é a avaliação de desempenho. Ferramenta de grande relevância, ela permite verificar como o colaborador está desempenhando suas atividades, o que melhor se adéqua aos seus conhecimentos e às habilidades exigidas para o cargo. Também auxilia a empresa a descobrir as necessidades de melhorias. As organizações que implantaram essa avaliação e que utilizam os resultados para desenvolver capacitações deram um grande salto na qualidade dos serviços, bem como na satisfação dos profissionais.

A avaliação de desempenho, para ser bem-sucedida, deve ser criada em conformidade com a cultura da organização. Se a empresa comprar uma avaliação e aplicar sem uma prévia análise, pode ter uma grande surpresa ao verificar que a ferramenta não contribui para as expectativas de melhoria da organização.

> A avaliação deve ser muito bem planejada para funcionar adequadamente e, quando estiver pronta, é necessário preparar tanto os gestores quanto os colaboradores antes da aplicação. Ainda, deve ser um elemento integrador das práticas de recursos humanos.

Uma vez que um dos grandes objetivos da avaliação de desempenho é fazer com que os profissionais participem dos resultados das empresas, faz-se necessário um sistema de indicadores e medições que permita negociações sinceras e objetivas.

A avaliação do desempenho dos colaboradores não deve ser transformada em uma arma de demissão ou de "caça às bruxas", nem tirar o sono. Essa ferramenta deve ser uma grande aliada dos programas de capacitação, porque as pessoas precisam saber a respeito do próprio desempenho, a fim de que identifiquem como estão realizando as tarefas. As organizações também precisam conhecer as potencialidades de cada profissional, objetivando aprimorar os resultados e os processos de trabalho. Ressaltamos que esse instrumento não deve ser utilizado para fins específicos de aumento salarial, mas para auxiliar nos processos de carreira e enquadramentos. Na Administração Pública, também há a aplicação da avaliação de desempenho. Oliveira (2014) apresenta uma metodologia de avaliação compreendida em cinco etapas, conforme indicado no Quadro 3.7.

Quadro 3.7 – Etapas da avaliação de desempenho na Administração Pública

Etapas	Método	Esclarecimentos
1	Estabelecimento das realizações esperadas	Há interação com o Plano Diretor, para que o processo de avaliação de desempenho utilize critérios objetivos.
2	Análise das realizações efetuadas	Os critérios e os parâmetros são negociados e aceitos.
3	Complementações com outras avaliações	Ações são realizadas pelos supervisores (diretos e indiretos), pelos pares (subordinados do mesmo chefe) e pelos subordinados.
4	Elaboração do plano de aprimoramento	Com base nas etapas anteriores, cada profissional, com o devido assessoramento, pode elaborar o seu plano de aprimoramento profissional, bem como realizar os devidos debates.
5	Interação com o programa de capacitação	Deve ocorrer a interação entre o plano de aprimoramento e com o programa de capacitação da instituição pública.

Fonte: Adaptado de Oliveira, 2014, p. 184-185.

A seguir, apresentaremos vários tipos de avaliações de desempenho. Assim, as empresas, tanto públicas quanto privadas, podem analisar qual delas se adapta à cultura organizacional.

Avaliação de desempenho 90, 180, 360 e 450 graus

É a avaliação realizada pela coleta de dados relativos às atitudes, às atividades, à produção e ao relacionamento dos colaboradores.

A Figura 3.1 apresenta mais detalhadamente o que vem a ser cada uma dessas avaliações.

Figura 3.1 – Avaliação de desempenho 90, 180, 360 e 450 graus

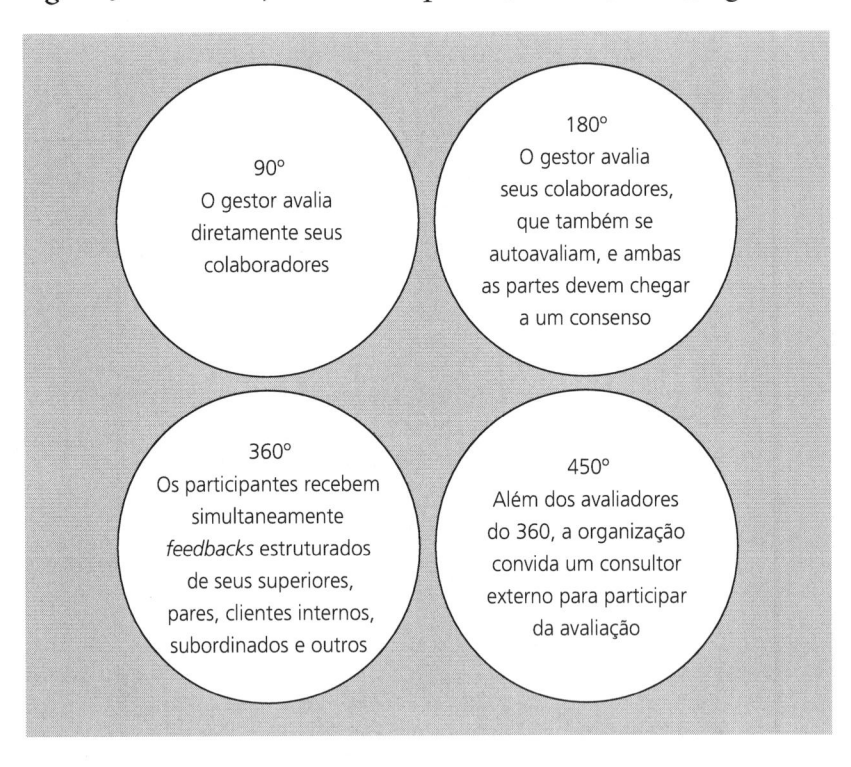

90°
O gestor avalia diretamente seus colaboradores

180°
O gestor avalia seus colaboradores, que também se autoavaliam, e ambas as partes devem chegar a um consenso

360°
Os participantes recebem simultaneamente *feedbacks* estruturados de seus superiores, pares, clientes internos, subordinados e outros

450°
Além dos avaliadores do 360, a organização convida um consultor externo para participar da avaliação

Comparativas

Nesse modelo, ocorre uma comparação de um padrão do colaborador em relação aos demais avaliados. O processo avaliativo consegue indicar pessoas que estão melhores que outras em determinado aspecto, porém não determina o quanto são melhores do que as demais.

As avaliações comparativas podem ser divididas em:

- **Comparativa por classificação:** consiste na listagem de todos os profissionais da empresa, do menos ao mais valorizado, no que se refere ao desempenho. A diferença de qualidade entre eles não é definida.
- **Comparativa mista:** compara cada profissional com todos. Por exemplo, um gestor de três profissionais compara o desempenho de um profissional com cada um dos outros dois profissionais.
- **Comparativa forçada:** o método forçado avalia os profissionais por meio de frases descritivas a respeito de determinados níveis de desempenho individual.

Absolutas

É um método com padrões exatos de medição, os quais podem ser obtidos por meio de escala gráfica, incidentes críticos, análise comportamental, administração por objetivos e Nine Box.

- **Escala gráfica**

    A escala gráfica é o recurso mais utilizado na maioria das organizações – normalmente adotado como o único método de avaliação em razão de ser simples e de fácil planejamento e construção. Contudo, devemos observar que esse recurso avalia apenas o desempenho passado do profissional, com pouca ou nenhuma participação ativa do avaliado, o que traz como consequências a superficialidade e a subjetividade.

A escala gráfica pode ser elaborada conforme o exemplo indicado no Quadro 3.8. O conceito aplicado pode ser de 1 a 10, por exemplo, em que de 1 a 2 indica péssimo; de 3 a 4, ruim; de 5 a 6, regular; de 7 a 8, bom; e de 9 a 10, ótimo.

Quadro 3.8 – Escala gráfica

Fatores	Ótimo	Bom	Regular	Ruim	Péssimo
Foco em resultado	9				
Qualidade no trabalho		7			
Visão sistêmica			6		
Iniciativa			5		

+ **Incidentes críticos**
  Esse método privilegia as características extremas (incidentes críticos) dos profissionais que apresentam desempenho altamente positivo ou negativo, ou seja, sucesso ou fracasso. O foco não é o profissional que obteve desempenho esperado, mas o que vai além, o excepcional, tanto para o positivo quanto para o negativo.

+ **Comportamental**
  Nesse método de avaliação, os dados são coletados por meio da observação dos comportamentos apresentados nas diversas situações do trabalho, que serão avaliados, determinando uma escala quantitativa a ser utilizada para os aconselhamentos e as devolutivas. Esse método exige detalhamento bem complexo, tempo e esforço.

+ **Administração por objetivos**
  Como o próprio nome informa, a avaliação é realizada por meio de objetivos definidos entre os gestores e seus liderados. Assim, os indicadores da avaliação levam em conta os objetivos que foram traçados.

- **Nine Box**
Esse método é bastante utilizado para fins de sucessões nas organizações, como forma de antever e preparar os possíveis profissionais para cargos mais elevados. É desenvolvido um questionário que receberá uma pontuação para cada item, e isso proporcionará um gráfico, que indicará dois eixos: desempenho e potencial. Quanto mais à direita e alta for a posição da pessoa, maior será seu desempenho e potencial.

Para refletir

Problemas que se originam com pessoas

Benjamin Disraeli, ex-primeiro-ministro do Reino Unido, dizia: "O homem não é produto das circunstâncias. As circunstâncias são produto dos homens". Ou seja, os problemas que você vai enfrentar são consequências das ações das pessoas na empresa. Por isso eu digo: a maioria dos problemas que você vai precisar resolver em uma empresa começa com as pessoas. Quando as pessoas não estão conectadas a um mesmo propósito na empresa, ou não são competentes para realizar determinada atividade, ou ainda não tem consciência da importância do seu papel, surgem as dificuldades.

Os problemas aparecem, portanto, quando as pessoas não fazem o que se espera que elas façam. Quando as pessoas fazem o que se comprometem a fazer, as metas se realizam; quando não fazem, os problemas acontecem.

Fonte: Shinyashiki, 2011, p. 99.

3.4 Gestão competente

Brandão e Guimarães (2001, p.9), em estudo sobre gestão de competências, explicam que:

> No fim da Idade Média, a expressão competência era associada essencialmente à linguagem jurídica. Dizia respeito à faculdade, atribuída a alguém ou alguma instituição, de apreciar e julgar certas questões. Por extensão, o conceito de competência veio a designar o reconhecimento social sobre a capacidade de alguém pronunciar-se em relação a determinado assunto e, mais tarde, passou a ser utilizado, de forma mais genérica, para qualificar o indivíduo capaz de realizar determinado trabalho.

As organizações não podem falhar. Por isso, quanto mais as pessoas estiverem capacitadas, menores serão as falhas. Dessa forma, há a necessidade de programas de gestão competente, a fim de ser possível acompanhar as constantes atualizações tecnológicas. *Flexibilidade, inovação* e *capacidade empreendedora* são palavras-chaves para as organizações de sucesso e que conseguem sobreviver.

Meister (1999), em seus estudos sobre universidade corporativa, ensina que as empresas necessitam de pessoas que tenham potencial, desempenho e talento. Um dos meios de se alcançar o **potencial** é pela aprendizagem. O **desempenho** é a execução de um trabalho, com competência, eficiência e eficácia. E o **talento**, por sua vez, é a união de uma inteligência excepcional e de habilidades e competências diferenciadas.

A pesquisadora enfatiza que as organizações precisam de um programa que consiga dar conta de capacitar os profissionais para que demonstrem potencial e desempenho, e estes serão, então, transformados em talentos. Existem vários programas de capacitações, mas uma solução para a identificação de talentos na empresa é a criação interna, tanto em organizações privadas quanto públicas, das chamadas *universidades corporativas*. Se o setor de recursos humanos for efetivamente estratégico, conseguirá montar um programa que permeará os eixos necessários aos subsistemas da administração de pessoas, desde a admissão até o momento do desligamento da organização (Meister, 1999).

A **universidade corporativa** é um programa de desenvolvimento de educação continuada focado nas necessidades da organização, com base em suas demandas, objetivando estabelecer um conjunto de programas de formação que visam desenvolver: conhecimentos, habilidades e competências (Meister, 1999).

Desse modo, a organização pode criar uma verdadeira universidade, com grade anual de disciplinas necessárias para dar conta das lacunas de desenvolvimento dos profissionais.

Nas organizações públicas, também se leva em conta os diferenciais que foram destacados. Meister (1999) acrescenta ainda a necessidade de desenvolver e educar funcionários, munícipes, fornecedores e comunidades, a fim de cumprir as estratégias da organização, inspirando o aprendizado permanente e o alto desempenho.

Quando implantadas com visão sistêmica – da criação da missão, da visão e dos valores da organização –, as universidades corporativas garantem sua perenidade e auxiliam as organizações a capacitarem os profissionais em consonância com a cultura organizacional.

A universidade corporativa sobreviverá quando estiver envolvida na estratégia e no desenvolvimento das pessoas e conseguirá organizar tudo em uma mesma estrutura. O sucesso será alcançado se as pessoas estiverem engajadas. As organizações devem evitar os inúmeros treinamentos desconexos, sem objetivos claros.

Profissionais inovadores

É essencial que as organizações compreendam e descrevam sua cultura, deixando claro o que esperam de seus profissionais. Em contrapartida, é necessário que os colaboradores também façam o mesmo. Esperar que as organizações sejam responsáveis pela formação das pessoas na íntegra é uma falácia. Os profissionais precisam entender que, quando buscam o aprimoramento, além de contribuir com as organizações no alcance de seus objetivos, também estão se aperfeiçoando para a própria empregabilidade, bem como para seu crescimento pessoal e sua maturidade profissional.

O que se adquire como conhecimento não pode ser retirado. É o poder transformador de permitir um olhar sobre o mundo de forma diferenciada; é como retirar uma venda dos olhos. Tanto as organizações quanto os indivíduos têm os próprios objetivos.

O colaborador deve aproveitar ao máximo os aprendizados nas formações ofertadas, mas somente isso não dará conta de revelar a ele sua contribuição para o mundo. Dessa forma, deve estar aberto a entender o desenvolvimento de seu desempenho e dar o melhor de si para satisfazer os objetivos da organização para a qual presta seus serviços. Adotando essa postura, é possível aumentar sua eficiência e o valor agregado; abrir-se às ideias de outras pessoas tanto da organização quanto de fora; evoluir e compreender as novas tecnologias produtos e processos. Esse é o tipo de profissional que as organizações esperam.

Muitas empresas implantam métodos inovadores em seus processos de trabalho, porém, alguns profissionais não conseguem acompanhar essa evolução e afirmam que as mudanças não vão trazer diferenciais competitivos – e preferem ficar na chamada *zona de conforto*.

O desenvolvimento profissional terá sucesso se houver abertura às avaliações de desempenho, com a consciência da necessidade da educação continuada, sem receio de expor dúvidas. Também é fundamental buscar o desempenho esperado e o equilíbrio emocional de todas as formas possíveis.

> *Para saber mais*
>
> As indicações a seguir permitem aprofundar o conhecimento sobre os modelos de avaliação de desempenho. O texto de Alcoforado traz o caso da Secretaria do Planejamento e Gestão do Ceará (Seplag), que implantou o Modelo de Avaliação e Desempenho e seus resultados. Conheça também outros *cases* de desempenho e sucesso na implantação de avaliação, apresentados por Chiavenato.
>
> ALCOFORADO, N. M. C. O novo modelo de avaliação de desempenho da SEPLAG. In: CONGRESSO CONSAD DE GESTÃO PÚBLICA, 3., 2010, Brasília. **Anais...** Disponível em: <http://www.escoladegestao.pr.gov.br/arquivos/File/Material_%20CONSAD/paineis_III_congresso_consad/painel_2/o_novo_modelo_de_avaliacao_de_desempenho_da_seplag.pdf>. Acesso em: 26 out. 2016.
>
> CHIAVENATO, I. Avaliação do desempenho humano. In: ____. **Gestão de pessoas.** 3. ed. Rio de Janeiro: Elsevier/Campus, 2008. Cap. 8. Disponível em: <http://xa.yimg.com/kq/groups/24137146/967664062/name/Texto+7+-+Av.+desempenho+(Chiavenato).pdf>. Acesso em: 26 out. 2016.

3.5 Motivação e liderança

Motivação é o ingrediente essencial para o sucesso das pessoas e das organizações. É necessário que o profissional se movimente para a execução de uma ação, pois inerte o ser humano não pode fazer o que tem de mais especial em sua essência: o poder da transformação. Porém, não adianta somente idealizar e ficar no campo interno das ideias, é necessário fazer com que a motivação o leve a agir. São formas de impulso, provocadas por estímulos.

A motivação, em uma esfera geral, vai incentivar os indivíduos a atingirem seus objetivos pessoais e profissionais; não há como estabalecer metas e ter perspectivas sem motivação. Vamos exemplificar por meio de situações cotidianas, como dormir e acordar. Na sensação de cansaço, há a necessidade de dormir. Então, o que nos impulsiona para o descanso é a própria sensação de cansaço. Após o suficiente descanso, iniciamos a jornada diária, diurna ou noturna a depender de cada rotina.

A pirâmide das necessidades do psicólogo americano Abraham Maslow representa bem essas questões de estímulos e impulsos (Figura 3.2).

Figura 3.2 – Pirâmide de Maslow

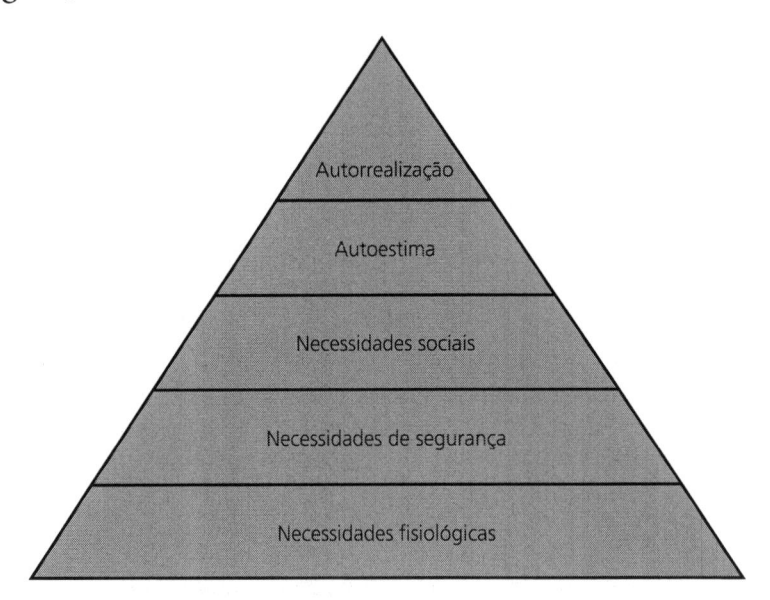

- Autorrealização
- Autoestima
- Necessidades sociais
- Necessidades de segurança
- Necessidades fisiológicas

Fonte: Adaptado de Portal Administração, 2014.

As necessidades representadas na Figura 3.2 têm relação com o que pessoas esperam no campo profissional.

As **fisiológicas**, que são qualificadas como primárias e essenciais do ser humano, encontram-se na base da pirâmide e representam a sobrevivência pessoal. O ser humano não pode se sentir ameaçado. Porém, muitas vezes, é impulsionado a sair da zona de conforto, e a mudança remete à sensação de desconforto, obrigando as pessoas olharem para outras perspectivas.

As necessidades sociais referem-se à aceitação e ao reconhecimento pela família e pela sociedade de que faz parte. Essas variáveis influenciam a autoestima e a autorrealização. Assim, sem dúvida nenhuma, o comportamento do ser humano varia de acordo com o meio e a cultura do local de que é integrante. Um caso interessante são os esquimós. A palavra *esquimó* alude a grupos étnicos que ocupam o extremo norte do planeta desde 5 mil a.C. Na cultura desse povo, a poligamia é aceita e quanto mais posses um esquimó tem, mais mulheres poderá ter. Já no Brasil, a regra estabelecida pela Constituição Federal é a monogâmica (Cordeiro, 2012).

Assim, em cada país, o comportamento do ser humano tende a seguir a cultura local, mas não se pode perder de vista as variáveis daquilo que é *persona*, ou seja, da própria pessoa, sua personalidade, seus desejos, seus medos e suas percepções. É aquilo que a impulsiona individualmente e que com certeza sofre as interferências do meio externo.

A pirâmide de Maslow apresenta no topo a **autoestima** e a **autorrealização**. Para muitos profissionais, chegar ao topo da hierarquia de uma organização é satisfazer essas necessidades.

Para que o indivíduo possa alcançar a autorrealização, a aceitação por parte da empresa é essencial. Por isso, espera-se dele uma postura proativa, pois a motivação por si só não dá conta da realização esperada, ou seja, a pessoa pode querer ser líder e estar motivada para isso, mas será preciso atender aos requisitos essenciais, ter o perfil e realizar as demais ações para alcançar esse objetivo.

Muitas vezes, a aceitação não está somente sob a responsabilidade da direção da organização, mas também dos liderados. Na prática, o que se verifica são muitos profissionais com excelente perfil técnico, porém, quando promovidos para cargos de liderança, apresentam dificuldades em comandar pessoas.

Os candidatos às respectivas vagas, não raro, são indicados pelos líderes da organização e, por vezes, o setor de recursos humanos da empresa não tem voz ativa para efetivar um processo seletivo capaz de identificar esses déficits. Felizmente, muitas instituições já entendem que, se não forem muito bem aplicados os testes e criados programas de acompanhamentos desses profissionais, as consequências serão nocivas para o ambiente organizacional.

A ascensão de um profissional não pode estar fundada somente em critérios técnicos ou tempo de serviço; ele deve ser acompanhado por meio de avaliações rotineiras e, àqueles profissionais que demonstram uma liderança nata devem ser aplicadas avaliações específicas, para que realmente se verifique sua condição de assumir o cargo. Como já enfatizamos, devem ser aplicados programas muito bem elaborados e que estejam alinhados com a cultura da organização para a sustentabilidade de futuras lideranças, o que auxilia nas habilidades comportamentais com vistas à gestão de pessoas, desenvolvendo-as e motivando-as.

Para refletir

O papel do gerente no reconhecimento dos colaboradores

O impacto que um gerente tem sobre sua equipe é enorme. Para a maioria das pessoas, se você tem um bom gerente, tem um bom trabalho. Da mesma maneira, a afirmação de que "as pessoas pedem demissão de seus gerentes, e não das empresas" praticamente resume o que as diversas pesquisas comprovam: O principal motivo para as pessoas pedirem demissão está ligada a uma relação ruim com seu gestor imediato.

Procure incluir o nome dos colaboradores da equipe na sua lista de afazeres e, à medida que tiver a chance de manifestar agradecimento por algum aspecto de desempenho ou do comportamento de cada um, vá assinalando na lista. Isso pode fazer a diferença no esforço de tornar o reconhecimento dos funcionários uma tarefa frequente.

Ao longo de 20 anos entrevistando milhões de trabalhadores, a Gallup chegou à conclusão de que "a variável mais importante na produtividade e lealdade do trabalhador não é o salário, brindes, benefícios ou o ambiente de trabalho, mas a qualidade do relacionamento entre os funcionários e seus supervisores diretos".

Os colaboradores esperam ser reconhecidos por seus gerentes quando realizam um bom trabalho. Esta é uma verdade incontestável fundamentada por dezenas de estudos e pesquisas e facilmente confirmada ao se perguntar a qualquer funcionário. O agradecimento por uma realização excepcional aumenta a satisfação do trabalhador com a empresa e funciona como um catalisador para atrair novos e talentosos funcionários.

Fonte: Nelson, 2014, p. 21.

O papel do líder nas organizações públicas e privadas

Os temas sobre motivação e liderança são pertinentes nos setores público e privado. Na gestão pública, os líderes das organizações devem estar motivados a utilizar essas ferramentas para superar os desafios do trabalho oriundos das legislações que norteiam os servidores públicos. É recomendável que adotem os ensinamentos das modernas teorias da administração geral.

O servidor, muitas vezes, sente-se desmotivado porque, independentemente da entrega, o plano de carreira no setor público não oferece grandes estímulos para os que vão além, ou seja, o profissional engajado não será diferenciado do profissional médio. Por isso, o desafio de gestão é muito maior, uma vez que esses profissionais estão mais distantes da automotivação.

Os gestores são responsáveis por manter a motivação em seus colaboradores, independentemente do regime que norteia o registro funcional,

> missão que aceitaram desde o momento que assumiram o cargo de liderança. Dessa forma, não podem culpar o "sistema", terão de enfrentar a situação e dar o melhor de si, sempre refletindo sobre a responsabilidade que cabe a eles.

Agora, passaremos à análise dos princípios da Administração Pública sob o ponto de vista da gestão propriamente dita.

A Constituição Federal (CF/1988), no Capítulo VII – Da Administração Pública – Seção I – Disposições Gerais, em seu art. 37, *caput*, estabelece: "A Administração Pública direta e indireta de qualquer dos Poderes da União, dos Estados, do distrito Federal e dos Municípios obedecerá aos princípios de legalidade, impessoalidade, moralidade, publicidade e eficiência" (Brasil, 1988).

Sintetizamos esses princípios que norteiam a Administração Pública no Quadro 3.9, uma vez que já abordamos o tema no Capítulo 2 desta obra.

Quadro 3.9 – Princípios da Administração Pública

Princípios	Conceitos
Legalidade	Ao passo que nas empresas privadas é lícito fazer tudo o que a lei não proíbe, na Administração Pública só é permitido fazer o que a lei permite.
Moralidade	É imposta para a conduta interna, segundo as exigências das instituições e a finalidade do ato administrativo: o bem comum.
Impessoalidade	As condutas e os atos devem primar pelo interesse público, afastando o interesse próprio ou de terceiros.
Publicidade	Divulgação oficial do ato para conhecimento público e início de seus efeitos externos.
Eficiência	Exigência nos resultados positivos para o serviço público.

Fonte: Elaborado com base em Vieira et al., 2011, p.4-5.

Os gestores públicos devem aplicar esses princípios na execução da missão dos órgãos e entidades, pois o fim precípuo da Administração

Pública é o interesse público, ou seja, o interesse da coletividade, tornando-se este o fator motivacional.

Vieira et al. (2011, p.17) corrobora essa linha de raciocínio – de que a própria gestão pública tem todos os elementos para conduzir os servidores motivados:

> E sendo o trabalho público uma prestação de serviço ao interesse público e ao bem comum, essa ligação com a sociedade deve torna-se ainda mais evidente e mais gratificante para o indivíduo. É através do trabalho que se consegue reconhecer o próprio valor e, consequentemente, equilibrar expectativas e sentimentos de autoestima. À medida que o trabalho no setor público satisfaz às necessidades de autodesenvolvimento das pessoas, a motivação fica cada vez mais forte. Em suma, parece que a ideia de motivação no serviço público não está tão distante da realidade, mas os administradores públicos devem se conscientizar de que sua missão é muito maior do que simplesmente desempenhar uma tarefa almejando uma recompensa ao final. É definir suas próprias metas pessoais para estimular seu crescimento profissional e, consequentemente melhorar a imagem da Administração Pública no país.

A motivação promove a autoestima e permeia todas as organizações, a sociedade e os indivíduos, e o líder é o principal inspirador. Portanto, a frase "Eu mando e você executa" deve ser excluída da cartilha dos verdadeiros líderes. O verbo *mandar* faz parte do processo de chefiar, e não de gerir, já que faltam elementos essenciais na arte de liderar pessoas: o diálogo, o respeito e a discussão sadia para verificar a melhor forma de alcançar os objetivos traçados e oportunizar um ambiente harmonioso de trabalho.

A expressão *discussão sadia* pode ser substituída pela palavra *consenso*. Analisando um dos usos dessa palavra, temos: "A expressão **consenso universal**, ou em latim, *consensus gentium* (acordo do povo), é um antigo critério de validação da verdade que expressa um acordo de todos os homens quanto a uma ideia ou opinião, que chega a ser aceite como verdadeira só pelo simples fato de ser defendida por todos." (Significados, 2017b, grifo do original).

Veja que *consenso universal* expressa a ideia: "defendida por todos", assim, o líder deve ter o poder de ouvir a todos os envolvidos e exaurir as possibilidades, pois, enquanto um indivíduo entre todos ainda não estiver satisfeito com a decisão a ser tomada, não há consenso. Mas será que é possível obter consenso entre todos os envolvidos? É uma tarefa difícil, mas não impossível. E a discussão se torna valiosa porque será possível analisar todas as probabilidades de sucesso e fracassos.

Desse modo, o papel do líder é de suma importância, pois, de posse das informações fornecidas durante o debate, ele poderá influenciar na decisão que melhor aprouver a organização e os demais envolvidos. Trata-se de um momento rico, que faz com que o líder também compreenda melhor o caminho a ser tomado.

Chiavenato (2002, p. 254) conceitua que:

> O gerente precisa estar preparado para mudar e modificar constantemente no sentido de melhorar e se desenvolver continuamente. Aprender sempre e aprender a aprender cada vez mais e melhor. Inovar a cada momento. Fazer da mudança e da inovação a sua bandeira. Fazer com que o futuro – e não mais o presente ou o passado – seja seu alvo principal. Para isso, o gerente precisa mirar o futuro e preparar-se continuamente para ele.

O profissional, ao aceitar o desafio de assumir uma posição de comando, deve ter como princípio o quanto lhe será exigido e deve querer isso. Não são todos os profissionais que querem ser gestores, portanto, as organizações devem ter, conforme já enfatizado, programas bem estabelecidos de sucessão e de acompanhamento de seus potenciais líderes.

As empresas devem entender que o setor de recursos humanos é extremamente estratégico e deve ter autonomia para estabelecer programas de lideranças, auxiliar os CEOs* de forma isonômica, atuando como um facilitador até para que candidatos à posição de líder compreendam se estão preparados para a função.

Nas organizações, muitos profissionais adoecem ou mudam de empregos não em virtude da empresa, mas em consequência da péssima liderança.

Ser líder representa estar despojado do véu do poder, pensar no bem comum e escutar as pessoas, com sinceridade.

3.6 *A comunicação e o poder*

O líder que insiste em acreditar que sua posição hierárquica o torna o "ser supremo" perde o controle sob as atividades desempenhadas pelos liderados. No momento em que ele se conscientiza de que ser líder é uma função de aprendizado junto aos liderados, passa a conhecer mais sobre sua posição, e sua trajetória será permeada por satisfações mútuas, ensejando um aprendizado contínuo para os dois lados. Nesse contexto, as relações colaborativas facilitam a comunicação organizacional.

✦ ✦ ✦

* "CEO é a sigla inglesa de **Chief Executive Officer**, que significa **Diretor Executivo** em Português. CEO é a pessoa com maior **autoridade** na **hierarquia** operacional de uma organização. É o responsável pelas **estratégias** e pela **visão** da empresa. Não são todas as empresas que possuem uma pessoa no cargo de CEO." (Significados, 2017a, grifo do original).

Um estudo sobre as tendências da gestão de pessoas revelou que a hierarquia dará "lugar para redarquia", que trata de "uma nova ordem baseada nas relações de participações que surgem espontaneamente" (Redarquia, 2011, tradução nossa).

O Quadro 3.10 explica um pouco mais sobre as diferenças entre hierarquia e redarquia.

Quadro 3.10 – Hierarquia e redarquia

Hierarquia	Redarquia
Ordem pelo poder imposto	Colaboração (forma mais poderosa de criar valor)
Relações de dependência	Concordância entre as partes
Prêmios e castigos	Reconhecimento e autoestima

Fonte: Elaborado com base em Redarquia, 2011.

Esse é um tema que não se esgota, pois tem relação com o sucesso das organizações, e a quebra de paradigma da hierarquia está intimamente relacionada com a conduta dos líderes. Falconi (2009, p. 14) afirma que: "Liderar é bater metas consistentemente, com o time e fazendo certo. Quem não bate metas não é líder. Se ser um bom líder é conseguir resultados por meio das pessoas, então a pessoa do líder deve investir uma parte substancial de seu tempo no desenvolvimento de sua equipe".

O desenvolvimento da equipe de trabalho é um desafio para qualquer gestor, mas esse profissional deve ter consciência de si mesmo para que possa, da melhor forma possível, inspirar seus liderados e entender o próprio cargo. Desse modo, há a necessidade de o líder despojar-se da arrogância hierárquica e engajar efetivamente seus liderados, ou seja, o líder deve ter um novo olhar para a redarquia.

Quadros e Nasser (2010) apresentam os estudos da Towers Perrin – ISR, que divide o engajamento em:

- Racional – Compreensão do profissional em relação a valores, metas e objetivos da empresa.

- Motivacional – O que leva o profissional a se empenhar além do que é esperado para ajudar a empresa a ter êxito.
- Emocional – Faz com que o profissional sinta orgulho da empresa em que trabalha.

Analisando esses três fatores, fica nítida a responsabilidade do gestor em desenvolver seus liderados para que consigam atender às metas da organização, com a compreensão dos objetivos da empresa que estão impressos na missão, na visão e nos valores, ou seja, na cultura organizacional, e com a abertura de um **canal de comunicação** sem barreiras. Esse canal deve ser utilizado como um aliado dos gestores, e não como uma forma de manipular os liderados. Uma das competências desejadas do líder é "saber liderar e ser liderado". Além disso, aquele que se propõe a ser um líder de equipe deve se desenvolver e, principalmente, ser um excelente comunicador.

Para melhor exemplificar como a comunicação é uma das principais ferramentas estratégicas nas organizações, apresentamos a Figura 3.3.

Figura 3.3 – Comunicação

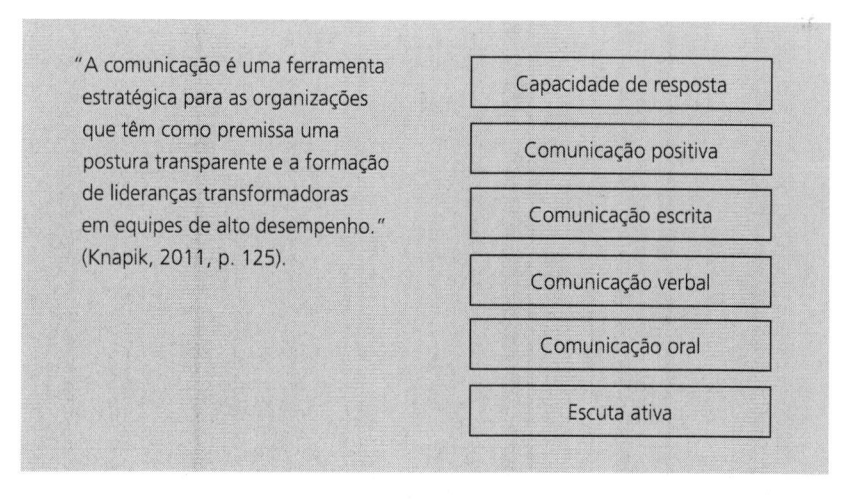

"A comunicação é uma ferramenta estratégica para as organizações que têm como premissa uma postura transparente e a formação de lideranças transformadoras em equipes de alto desempenho." (Knapik, 2011, p. 125).

- Capacidade de resposta
- Comunicação positiva
- Comunicação escrita
- Comunicação verbal
- Comunicação oral
- Escuta ativa

Fonte: Adaptado de Knapik, 2011, p.122-123.

Assim, para que efetivamente a comunicação seja utilizada de forma estratégica nas empresas, estas devem disponibilizar internamente canais de comunicação para auxiliar os líderes, inibindo meios informais que possam dar ensejo a um clima conflituoso.

De acordo com os estudos de Mendes e Junqueira (1999, p. 34), *comunicação* significa: "Tornar comum, trocar informações, partilhar ideias, sentimentos, experiências, crenças e valores, por meio de gestos atos, palavras, figuras, imagens, símbolos etc. Comunicar tem o sentido de participar e estabelecer contato com alguém num intercâmbio dinâmico e interativo".

Assim, o importante na comunicação é se fazer entender. E para que o entendimento seja perfeito, o canal emissor deve estar sintonizado com o canal receptor.

A comunicação não acontece somente pela audição e fala, mas também pela visão e pelos demais sentidos. Na comunicação, é importante sintonizar esses canais para que a mensagem chegue ao receptor de maneira clara e nítida. Ao sintonizá-los, é necessário que o emissor dê ênfase ao canal preferido do receptor. Portanto, é essencial que o gestor descubra essa preferência, ou seja, qual é o canal de maior receptividade de cada colaborador.

Se o receptor for mais auditivo, a ênfase deve ser dada ao som; se ele for mais visual, a ênfase deve ser dada a imagens; e se o receptor for mais sinestésico, será preciso enfatizar os outros sentidos (tato, olfato e paladar).

O Quadro 3.11 apresenta os canais e as barreiras da comunicação, conforme os estudos de Knapik (2011).

Quadro 3.11 – Os canais e as barreiras de comunicação

| Pessoais | Barreiras ocasionadas por fatores emocionais e valores pessoais. | ◆ desinteresse em ouvir;
◆ emoções;
◆ preocupações;
◆ sentimentos pessoais. |

(continua)

(Quadro 3.11 – conclusão)

Físicas	Barreiras que ocorrem no ambiente em que acontece a comunicação.	• uma porta que se abre repentinamente; • a distância física entre as pessoas; • paredes que separam; • barulhos, como telefone, trem, sirene etc.
Semânticas	Distorções dos símbolos por meio dos quais a comunicação é realizada.	• sentido da palavra; • significado de gestos e símbolos; • tradução da linguagem; • lembranças.

Fonte: Adaptado de Knapik, 2011, p. 110.

Com base na Figura 3.3, percebemos que as barreiras podem ser quebradas se houver a compreensão de qual é a melhor ferramenta para se comunicar com determinadas pessoas e grupos. A linguagem também deve ser própria, usual ao grupo para quem transmite a informação, pois a adoção de uma linguagem técnica com um grupo de pessoas que não conhece os termos utilizados, pode levar à falta de compreensão do assunto tratado. Knapik (2011) aponta outras ações para que sejam evitadas interferências na comunicação:

• evitar julgamentos e suposições;
• evitar passar uma quantidade excessiva de informações ao mesmo tempo;
• evitar interrupções enquanto são passadas as informações.

França e Leite (2007, p. 13), em seus estudos sobre comunicação estratégica, destacam que a "globalização requer uma renovação nos paradigmas da comunicação". Sem dúvida essa assertiva remete às novas tecnologias, a um novo modo de se comunicar.

Os autores destacam que as empresas devem refletir se de fato estão preparadas para essa renovação de paradigmas. Para tanto, é preciso fazer alguns questionamentos, conforme o Quadro 3.12.

Quadro 3.12 – Questionamentos: novos paradigmas da comunicação

Reflexão sobre novos paradigmas da comunicação
Qual é a visão que a organização tem da comunicação?
Qual é a missão da comunicação na empresa e fora dela?
Com que finalidade a empresa desenvolve o processo de comunicação?
Quais são os pressupostos da comunicação empresarial?
Que políticas de ação devem ser estabelecidas?
Que valores e crenças devem ser veiculados?
Como a comunicação deve enfrentar o cenário das mudanças?
Qual deve ser a mídia adequada para atingir os objetivos da comunicação?
Que novas estratégias de comunicação devem ser estabelecidas?
Como traduzir novos conceitos de forma a serem compreendidos pelos colaboradores?
Como discutir com os empregados os problemas que os afetam?
Como manter um processo de comunicação sem censura administrativa?
Como elaborar e implantar um programa unificado de comunicação?

Fonte: Adaptado de França; Leite, 2007, p. 14.

Esses questionamentos são extremamente importantes para que as empresas possam rever a comunicação a ser utilizada nas organizações, principalmente entre os líderes com os seus liderados, bem como aplicar o melhor método para atender às metas do mercado no qual se propõem a trabalhar. O líder deve criar o ambiente colaborativo, que é a chave do sucesso das organizações.

As empresas necessitam estar sempre conectadas com as novas ferramentas modernas de comunicação para se reinventar. A comunicação virtual é um caminho sem volta.

♦ O líder deve criar o ambiente colaborativo, que é a chave do sucesso das organizações.

A comunicação virtual

A comunicação virtual tornou-se imprescindível nas organizações diante do avanço tecnológico. Hoje, praticamente todas as atividades são executadas por meio dele: *e-mails*, conversas *on-line*, redes de relacionamentos internas – que as empresas também utilizam como forma de comunicação.

A comunicação virtual é uma ferramenta de extrema importância, porque é rápida e praticamente não tem barreiras físicas. Um dos obstáculos que podemos destacar é quando a velocidade de banda está lenta e a rede "cai". É interessante notar que, quando isso ocorre, as pessoas ficam sem saber o que fazer. Isso também acontece quando há queda de energia ou da rede de comunicação. Nesses cenários, paralisam-se as atividades da organização. O fato é que os profissionais deveriam buscar outras ações para fazer o trabalho de forma manual, mas têm dificuldades para isso.

O uso do computador faz com que as pessoas se tornem individualistas, e o desafio das organizações é fazer com que trabalhem em equipe, ou seja, interagindo. Na maioria das vezes, os profissionais trabalham um ao lado do outro e, em vez de conversarem "*face to face*", preferem *e-mail* ou WhatsApp, que são meios para troca de mensagens via internet.

As organizações não precisam deixar de utilizar essas ferramentas de forma proativa a fim de contribuir para que a comunicação seja rápida. Contudo, devem orientar e capacitar os profissionais a usarem a comunicação virtual com moderação e responsabilidade, principalmente os *e-mails*, uma vez que é comum nas empresas que as pessoas utilizem essa ferramenta para externar suas frustrações com o trabalho e com os colegas. Muitas vezes, os *e-mails* são demasiadamente longos, pois os colaboradores querem discutir todas as situações por esse canal de comunicação, além de o utilizarem como "prova" para futuras situações de cobranças ou até mesmo de injustiças. Essa é uma maneira incorreta de uso da ferramenta, pois o *e-mail* corporativo deve ser utilizado para mensagens rápidas, troca de informações objetivas.

> É preciso tomar cuidado com o que se escreve, porque, sem dúvida, no *e-mail* podem ficar comprovadas situações do ambiente de trabalho e das relações sociais. Os profissionais devem trabalhar com retidão e respeito uns pelos outros. Portanto, em tese, irregularidades nem devem acontecer, mas, se ocorrerem, devem ser resolvidas o mais breve possível.

E isso deve ser observado também nas redes sociais. Há uma enormidade de comentários sobre ambientes de trabalho e relações sociais, expostos publicamente para todo o mundo.

Algumas pessoas perderam o bom senso e a coragem de enfrentar a outra pessoa e expor situações. O enfrentamento pessoal é mais dignificante e muitas vezes evita conflitos desnecessários, pois, dependendo do modo como um escreve e o outro interpreta, o texto pode ser encarado como uma ofensa, o que pode gerar conflitos.

As ferramentas de comunicação virtual são um caminho sem volta, mas parece que as pessoas ainda não estão preparadas para utilizá-las corretamente.

A Embratel realizou uma pesquisa entre 2 de dezembro de 2013 e 16 de janeiro de 2014, com 400 entrevistas, em 5 capitais brasileiras, em empresas com pelo menos 10 funcionários em diferentes segmentos, tendo como objetivo avaliar o "mercado de dispositivos de transmissão de dados, internet, voz e mobilidade junto a empresas das principais capitais do Brasil, bem como avaliar a estrutura de TI e de Telecom destas empresas" (Embratel, 2015). A Tabela 3.1 apresenta alguns dados obtidos pela Embratel.

Tabela 3.1 – Distribuição das entrevistas

Porte	Total	Cidade				
		SP	RJ	RS	DF	PE
Total	400	130	161	30	37	42
Pequena (de 10 a 49 funcionários)	313	112	138	16	18	29
Média (de 50 a 99 funcionários)	42	10	9	10	8	5
Grande (100 ou mais funcionários)	45	8	14	4	11	8

Fonte: Embratel, 2015, p. 3.

Gráfico 3.1 – Perfil das empresas

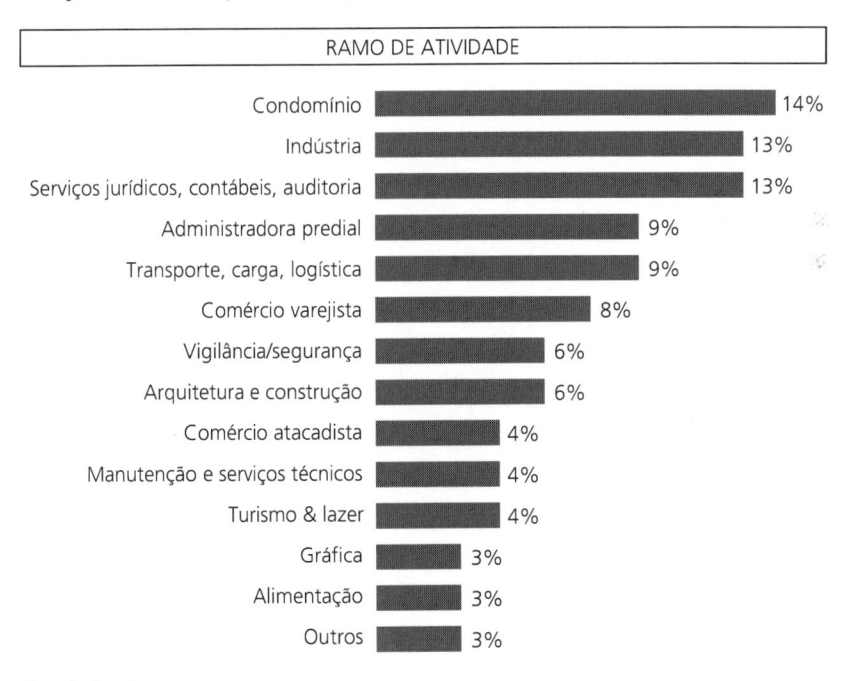

RAMO DE ATIVIDADE

- Condomínio: 14%
- Indústria: 13%
- Serviços jurídicos, contábeis, auditoria: 13%
- Administradora predial: 9%
- Transporte, carga, logística: 9%
- Comércio varejista: 8%
- Vigilância/segurança: 6%
- Arquitetura e construção: 6%
- Comércio atacadista: 4%
- Manutenção e serviços técnicos: 4%
- Turismo & lazer: 4%
- Gráfica: 3%
- Alimentação: 3%
- Outros: 3%

Fonte: Embratel, 2015, p. 6.

A pesquisa identificou que, apesar de vivenciarmos a era das redes sociais e mensagens, o telefone ainda "continua sendo a forma de comunicação preferida nas empresas brasileiras" (Embratel, 2015, p. 6), conforme apresentado no Gráfico 3.2.

Gráfico 3.2 – Dispositivos disponíveis para os empregados

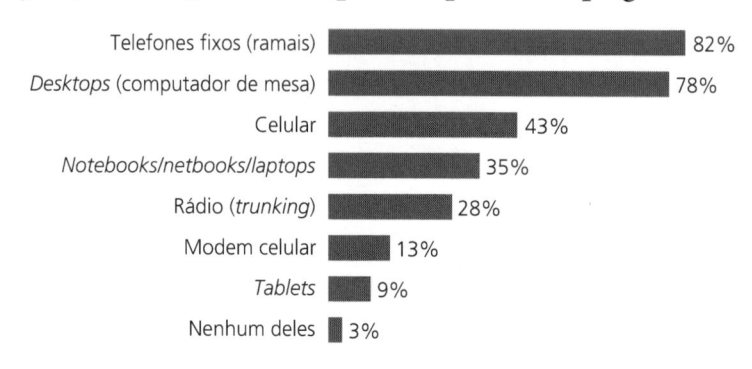

- Telefones fixos (ramais): 82%
- Desktops (computador de mesa): 78%
- Celular: 43%
- Notebooks/netbooks/laptops: 35%
- Rádio (trunking): 28%
- Modem celular: 13%
- Tablets: 9%
- Nenhum deles: 3%

Fonte: Embratel, 2015, p. 12.

Sobre a pesquisa, é interessante observar que, em relação a esses novos cenários da comunicação virtual, a Embratel procurou identificar como as empresas disponibilizam o acesso digital a seus colaboradores, conforme exposto no Gráfico 3.3.

Gráfico 3.3 – Equipamentos móveis

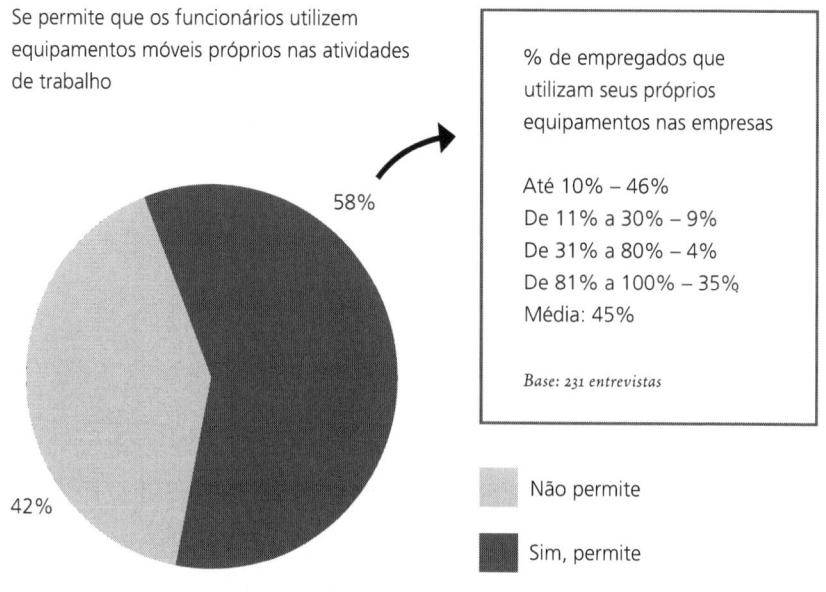

Se permite que os funcionários utilizem equipamentos móveis próprios nas atividades de trabalho

- 58% Sim, permite
- 42% Não permite

% de empregados que utilizam seus próprios equipamentos nas empresas

Até 10% – 46%
De 11% a 30% – 9%
De 31% a 80% – 4%
De 81% a 100% – 35%
Média: 45%

Base: 231 entrevistas

Fonte: Embratel, 2015, p. 28.

Nas empresas pesquisadas, praticamente não há muita diferença entre as que permitem e as que não permitem que funcionários utilizem equipamentos próprios, porém devemos levar em conta o tipo de atividade desempenhada, uma vez que se trata de um novo modo de comportamento nas organizações.

Para saber mais

No artigo de Cordeiro, conheça mais sobre a vida dos esquimós. E sobre outra teoria da motivação – de Herzberg – leia o texto de Periard.

CORDEIRO, T. Como vivem os esquimós? **Mundo estranho**, São Paulo, 25 set. 2012. Disponível em: <http://mundo estranho.abril.com.br/materia/como-vivem-os-esquimos>. Acesso em: 26 out. 2016.

PERIARD, G. **Tudo sobre a teoria dos dois fatores de Frederick Herzberg**. 15 ago. 2011. Disponível em: <http://www.sobreadministracao.com/tudo-sobre-a-teoria-dos-dois-fatores-de-frederick-herzberg>. Acesso em: 26 out. 2016.

Síntese

Neste capítulo, verificamos que as tendências atuais demonstram que, para os colaboradores e para as empresas, os objetivos e a cultura organizacional devem estar bem definidos, a fim de que se tornem ferramentas de auxílio na busca do profissional adequado para a organização.

Destacamos a importância do desenvolvimento de conceitos básicos, como o comprometimento e o engajamento, dois itens esperados no comportamento dos profissionais. É certo que o desenvolvimento das pessoas inicia-se por elas próprias, as quais devem buscar primeiramente o equilíbrio emocional para que possam dar conta de auxiliar os demais a também se desenvolverem.

Abordamos também a necessidade de avaliação das pessoas e das próprias empresas, bem como de implantação de gestão competente nas organizações. É necessário desenvolver as pessoas objetivando que estas se tornem inovadoras, abertas e flexíveis para que possam se transformar em talentos com desempenho de alta *performance*.

Também analisamos o quanto o poder tem impregnado a humanidade desde os primórdios. No entanto, ressaltamos que, quando usado de forma positiva, possibilita que os chefes se transformem em verdadeiros líderes, permitindo a mudança de hierarquia para redarquia.

Por fim, destacamos que o poder da comunicação nas organizações e as inovações tecnológicas permeiam tanto as organizações quanto as demais relações sociais. Desse modo, há a necessidade de que as comunicações virtuais sejam eficazes para combater os conflitos internos.

Questões para revisão

1. Qual é a relação entre o *feedback* e o *feedforword?* Explique.

2. No que se refere aos cinco sentidos, indique V para as afirmações verdadeiras e F para as falsas. Em seguida, assinale a alternativa que apresenta a sequência correta:

    ( ) Os interoceptores respondem a estímulos viscerais ou outras sensações, como sede e fome.

    ( ) Os exteroceptores respondem a estímulos externos, originados fora do organismo.

    ( ) Os proprioceptores conseguem detectar a posição do indivíduo no espaço.

    ( ) A tensão e o estiramento são próprios dos interoceptores.

a. V, V, F, F.
b. V, F, V, F.
c. F, V, F, V.
d. V, V, V, F.

3. As pessoas precisam ter inteligência emocional, que é representada por dimensões da inteligência. Identifique a seguir uma dessas dimensões, assinalando afirmativa correta:
   a. Dimensão da inteligência tem correspondência com os cinco sentidos.
   b. Inteligente é a pessoa que responde pelos estímulos vicerais.
   c. Uma das dimensões é a conscientização de si mesmo: a autoconscientização.
   d. A empatia não faz parte das dimensões da inteligência.

4. Relacione os tipos de avaliação e seus conceitos e assinale a alternativa que apresenta a sequência correta:
   (1) Nine box
   (2) Avaliação de desempenho
   (3) Comparativas
   (4) Absolutas
   ( ) Coleta de dados das atitudes, das atividades, da produção e do relacionamento.
   ( ) Podem ser do tipo por classificação, mista (em pares) ou forçada.
   ( ) Escala gráfica, incidentes críticos, comportamentais, objetivos e Nine Box.
   ( ) Escala gráfica utilizada para fins sucessórios nas organizações.

a. 2, 3, 1, 4.
b. 2, 1, 4, 3.
c. 4, 1, 2, 3.
d. 2, 3, 4, 1.

5. Considerando a hierarquia das necessidades, do psicólogo americano Abraham Maslow, descreva cada uma delas, relacionando-as com as necessidades organizacionais.

Questões para reflexão

1. Na sua organização, o gestor solicitou que você apresentasse um projeto de capacitação visando à melhoria do desempenho dos demais profissionais. Será uma tarefa difícil, uma vez que as pessoas estão há muitos anos na organização e são bastante "acomodadas": não gostam de mudanças, pois entendem que o modo de trabalho está bom. Como você é um profissional altamente proativo, de que forma responderia ao seu gestor?

2. Leia as questões a seguir e responda-as por escrito, fazendo uma autoavaliação sobre seu comportamento e se considera necessária uma mudança de hábitos e atitudes.

    a. Você consegue controlar os próprios sentimentos?
    b. Você consegue gostar de si próprio em todas as circunstâncias?
    c. Você é capaz de não se preocupar com o futuro?
    d. Você é capaz de apreciar e fazer humor?
    e. Você é motivado por seu próprio potencial de crescimento, e não pela necessidade de sanar suas deficiências? (Dyer, 1976, p. 10-11)

3. Seu perfil é de profissional inovador? Explique.

4. Você se sente motivado no trabalho? Explique.

5. Você alguma vez já foi avaliado em sua empresa? Consegue identificar qual foi o método utilizado?

❖ ❖ ❖

capítulo quatro

Gerenciamento de equipes

Conteúdos do capítulo:

- Líderes e liderados.
- Equipes de sucesso e felicidade no trabalho.
- Competência, eficiência e eficácia.
- A República Federativa do Brasil e suas competências.
- As organizações privadas e suas competências.
- Os profissionais das empresas privadas e suas competências.
- Os servidores públicos e suas competências.

Após o estudo deste capítulo, você será capaz de:

1. propor ambientes de trabalho saudáveis e felizes;
2. entender o papel de líderes e liderados nas organizações;
3. conceituar *competência, eficiência e eficácia*;
4. identificar as principais competências da República Federativa do Brasil;
5. verificar a necessidade de as empresas privadas estabalecerem seu planejamento estratégico;
6. compreender a necessidade de conscientização dos profissionais na busca de suas competências;
7. entender a interferência da legislação nas competências do servidor público.

Neste capítulo, destacaremos a importância de as organizações proporcionarem ambientes felizes e saudáveis aos seus colaboradores, com o objetivo não somente de alcançarem as metas estabelecidas institucionais, mas também de contribuir para uma sociedade com indivíduos motivados e equilibrados. Dessa forma, a função social organizacional também será alcançada.

4.1 *Líderes e liderados*

Os líderes são os motivadores dos profissionais, e estes motivados propiciam a formação de equipes de trabalho de alta *performance*; trata-se do momento mais relevante entre todas as atividades de responsabilidade do líder. Os técnicos esportivos, por exemplo, procuram os melhores atletas, aqueles que apresentam condições físicas adequadas ao perfil do esporte que vão praticar e que tenham facilidade de integrar-se aos demais atletas, principalmente se a modalidade for coletiva.

Souza (2010) destaca 11 características necessárias para um bom time de futebol ou uma empresa:

> [...] além da Integração, da força do conjunto, 10 outras características são fundamentais para formar um time de campeões, no futebol ou nas empresas
> 1. Clareza sobre o gol, o propósito
> 2. Conhecimento do mercado/campo de atuação
> 3. Capacidade de cuidar do todo, não só da sua parte
> 4. Inovação
> 5. Foco
> 6. Iniciativa
> 7. Perseverança

8. Humildade
9. Fazer mais que o combinado e superar obstáculos
10. Paixão

Para esse autor, ainda é possível incluir mais uma característica: a torcida, que, na empresa, está representada pelos *stakeholders*. Sobre estes, complementa "Que possuem o grande poder de tornar vencedor um empreendimento quando se apaixonam pela causa e pela marca. Ou que também inversamente, possuem a capacidade de destruir a reputação, imagem e a longevidade de qualquer empresa ou time de futebol" (Souza, 2010).

Este é também o time dos sonhos de qualquer líder: **as equipes de alta performance**. Assim, o desafio do líder é fazer essa composição e, para tanto, é necessária a primeira etapa: recrutamento e seleção.

Nas empresas, não raro, a etapa de recrutamento e seleção é um processo negligenciado, porque os gestores querem rapidamente resolver o processo seletivo e não investem um tempo considerável nessa fase.

> Nas empresas, não raro, a etapa de recrutamento e seleção é um processo negligenciado, porque os gestores querem rapidamente resolver o processo seletivo e não investem um tempo considerável nessa fase.

Posteriormente, reclamam que o processo não foi bem conduzido pelo setor de recursos humanos. Mas de quem realmente é a responsabilidade? O setor de pessoal tem a sua participação no processo, mas o gestor deve ter autonomia, pois o profissional vai se reportar diretamente a ele.

E antes mesmo de se pensar no recrutamento, é importante avaliar por que a posição ficou vaga. O profissional que a ocupava foi demitido, pediu demissão ou houve uma redução no quadro de funcionários? É claro que, nessa última hipótese, não haverá a reposição.

Vamos enfatizar os dois primeiros casos: o profissional pediu demissão por que foi trabalhar em outra empresa em busca de um novo desafio ou por que o gestor não conseguiu retê-lo?

Exemplo: o gestor demitiu o profissional por que o considerava displicente ou será que ele ocupava um cargo que não era adequado ao seu perfil?

Não é o propósito aqui responder a essa indagação, mas é importante fazer uma reflexão a respeito para que não ocorram futuras injustiças na busca por outro profissional para a vaga.

No processo de abertura de vaga, deve-se analisar se é mesmo necessário mais um colaborador ou se essa atividade pode ser suprida por outro profissional interno da organização, oportunizando uma promoção.

Muitos gestores não sabem como ocorrem as atividades que estão sob seu comando, preocupando-se muito mais com seu *status* na empresa do que com a posição de estar na linha de frente de seu time. Tal postura, por vezes, acaba criando as famosas "gorduras" desnecessárias e fomentando um ambiente de trabalho infeliz e injusto. Tem gestor que acredita que, quanto maior o número de pessoas sob seu comando, melhor será porque isso importará em destaque.

Com base na premissa de que todos os requisitos foram considerados antes de abrir uma solicitação de vaga, seja substituição, seja aumento de quadro, o gestor precisa verificar os tipos de recrutamentos, que podem ser internos ou externos.

Para que o processo de recrutamento e seleção seja adequado, é necessário que a organização tenha estabelecido uma política tanto para os recrutamentos internos quanto para os externos, assim como a definição dos cargos e a descrição destes.

A organização, quando preferir fazer um recrutamento externo, deve ter várias estratégias para atrair ou buscar esse profissional, que podem ser efetivadas por indicações de pessoas da própria empresa, *sites* de consultorias especializadas, bancos de currículos, como o Site Nacional de Emprego (Sine), que é um serviço de utilidade pública, desenvolvido pelo Banco Nacional de Emprego (BNE). Outra forma de recrutamento é usar os *sites* de universidades e escolas. Em páginas da internet também pode haver a área Trabalhe Conosco, que pode ser desenvolvida em parceria com consultorias especializadas em recrutamento.

> No recrutamento interno, é imprescindível que as pastas dos profissionais sejam constantemente atualizadas, a fim de que o gestor possa fazer uma busca rápida – se a empresa contar com avaliações de desempenho e mapeamentos das *performances*, excelente! Isso porque esse mapeamento vai reduzir um tempo relativamente grande na busca do profissional.

Algumas empresas utilizam *sites* internos em que o profissional pode manter ou atualizar dados, como projetos que lidera ou liderou, cursos, grau de escolaridade, entre outros.

A implantação da universidade corporativa proporciona uma ferramenta importante na gestão de pessoas nos processos de recrutamento interno, porque, se utilizada nos mapeamentos desde o processo seletivo, contemplando a trajetória profissional, as avaliações e o desempenho nos cursos realizados de forma contínua, a empresa terá um eficiente dossiê profissional de cada uma de seus colaboradores.

A escolha do time de alto desempenho carece de ferramentas rotineiras de acompanhamento e que podem ser desenvolvidas em qualquer organização, seja pública, seja privada.

De posse dos currículos escolhidos para o processo de recrutamento dos futuros contratados ou promovidos, deve ser realizada a entrevista. Inúmeras técnicas de entrevistas podem ser adotadas, bem como testes psicológicos ou testes simples, com vistas a verificar se o candidato atende às necessidades da oportunidade ofertada.

Nessa etapa, o gestor pode ter em mãos o que consideramos um dossiê da trajetória profissional do candidato. É um filtro eficiente que detecta internamente ou no mercado o profissional com as competências, as habilidades e as atitudes necessárias ao cargo proposto. Se isso ocorrer, será uma etapa tranquila, sendo necessário apenas que a empresa analise esse descritivo com o resultado da entrevista.

> Um ponto relevante é que, antes de aceitar a entrevista, o candidato deve analisar se a empresa está em consonância com seus valores, algo que também deve ser identificado pela organização. A verificação da compatibilidade de valores por ambas as partes deve ser realizada antes da aplicação dos testes de personalidade. Esses valores têm de se encaixar perfeitamente.

O gestor deve se preparar com antecedência para o momento da entrevista: ler detalhadamente o currículo, entender perfeitamente as atividades que o profissional vai desempenhar e fazer as perguntas certas. O ideal é não errar, porque o tempo despendido na fase de entrevistas é considerável, tanto para a organização quanto para o candidato. Quando a escolha do candidato foi equivocada, mesmo que haja o período da experiência, a retomada do processo é um desgaste para o gestor e para a equipe de trabalho.

Diante de um processo seletivo finalizado com êxito e do time formado, o líder passa a ter sob seu comando a equipe que exigirá dele um comportamento que direcione os liderados para, em conjunto, atingir os objetivos definidos.

Na Administração Pública, o processo de recrutamento é realizado por meio de editais de concursos públicos, os quais descrevem detalhadamente a quem se destina, bem como todos os requisitos necessários.

A Lei n. 8.112, de 11 de dezembro de 1990 (Brasil, 1991), que regula os servidores públicos civis da União, estabelece o seguinte sobre o concurso público:

> Art. 11. O concurso será de provas ou de provas e títulos, podendo ser realizado em duas etapas, conforme dispuserem a lei e o regulamento do respectivo plano de carreira, condicionada a inscrição do candidato ao pagamento do valor fixado no edital, quando indispensável ao seu custeio, e ressalvadas as hipóteses de isenção nele expressamente previstas.
>
> Art. 12. O concurso público terá validade de até 2(dois) anos, podendo ser prorrogado uma única vez, por igual período.
>
> §1º O prazo de validade do concurso e as condições de sua realização serão fixados em edital, que será publicado no Diário Oficial da União.
>
> §2º Não se abrirá novo concurso enquanto houver candidato aprovado em concurso anterior com prazo de validade não expirado.

De acordo com a legislação, fica claro que o concurso público é a ferramenta utilizada para o recrutamento dos servidores públicos.

4.2 *Equipes de sucesso e felicidade no trabalho*

Para tratarmos da formação de uma equipe de sucesso, destacamos uma pesquisa realizada pela revista *Exame* com base nas demandas dos executivos ouvidos pela empresa IBM. Conforme Abrantes (2010), foram mapeados sete cenários possíveis:

1. a falta de profissionais qualificados;
2. a disputa das gerações;
3. a necessidade de boas qualidades comunicativas;
4. o individualismo;
5. o investimento dos profissionais em uma postura mais flexível diante de mudanças;
6. a fuga do senso comum;
7. a necessidade de a pessoa ser líder mesmo não sendo um gestor.

A pesquisa deixa evidente a necessidade de mudança de paradigmas, principalmente em relação à **posição do líder**. É importante ressaltar que, na pesquisa, todos podem ser líderes, sem estar ocupando efetivamente o cargo de líder. Uma das características fundamentais é o profissional ter o sentimento de ser dono do negócio. As características apresentadas na pesquisa também devem ser utilizadas na Administração Pública, o servidor deve estar preparado e capacitado para lidar com as exigências do mercado.

Salientamos que os profissionais devem estar preparados, mas as empresas também precisam receber esses profissionais de forma adequada, propiciando um ambiente feliz, motivador e inspirador. Os líderes são os grandes provedores do ambiente de trabalho, pois estrutura física maravilhosa, excelentes benefícios e remuneração, como se tem observado em grandes organizações, não trazem garantia de satisfação dos funcionários. Da mesma forma, quando abordamos os teóricos sobre a motivação humana, o que fica mais latente são as atividades e os desafios delegados, que devem estar alinhados com os valores e as expectativas dos profissionais. Além disso, não se pode deixar de lado o reconhecimento e a valorização, que são extremamente apreciados por eles.

Os líderes contribuem com uma grande parcela para criar ambientes motivadores e desafiantes, sem a necessidade de um ambiente agressivamente competitivo, mas sim colaborativo, reunindo as demais expectativas dos profissionais.

Os profissionais precisam sentir que estão contribuindo e aprendendo. A pesquisa da IBM (Abrantes, 2010) mostrou essa característica: a do aprendizado, que deve ser contínuo.

Os gestores devem saber enfrentar os humores diários, identificando o que é necessário para que as pessoas gostem do que estão fazendo. Devem entender as demandas da empresa e dos indivíduos e encontrar a atividade mais adequada às competências e habilidades de seu time, o que ajudará eficazmente na felicidade no ambiente de trabalho.

O Portal Gestão (2013) apresenta alguns itens do livro da professora Jessica Price-Jones, publicado em 2010 com o título *Happines at Work* (*Felicidade no trabalho*), demonstrando que os profissionais felizes têm mais sucesso nos seguintes indicadores: promoção, motivação, eficiência e saúde.

Price-Jones identifica os três mitos da felicidade organizacional que impedem que esta seja levada a sério no ambiente empresarial. Segundo o Portal Gestão (2013):

> 1. A noção de que uma empresa só tem de se preocupar com o seu capital financeiro ou o seu valor para o accionista.
> 2. A felicidade é equivalente à satisfação no trabalho ou ao envolvimento.
> 3. A felicidade pessoal é determinada por variáveis genéticas e, como tal, é independente da empresa.

Essas três situações mostram que algumas organizações estão equivocadas: as pessoas buscam mais do que somente retribuição financeira; a felicidade também pode estar fora do ambiente de trabalho; e a felicidade pessoal transcende as questões genéticas.

Price-Jones apresenta os cinco fatores principais que contribuem para a felicidade no local de trabalho (Portal Gestão, 2013):

1. **Contribuição** – Esse fator retrata como um profissional contribui de "dentro-fora" e em relação aos demais colegas de trabalho, ou de "fora-dentro". A contribuição dentro-fora é resultado de como os profissionais conseguem alcançar os objetivos almejados em sua trajetória profissional e a capacidade deles para conseguir resolver os problemas com colegas e empregadores. A contribuição fora-dentro é retratada pelo sentimento de como o gestor e os demais colegas de trabalho escutam o profissional; tem relação com respeito e valorização.
2. **Convicção** – Quando os profissionais percebem que fazem o trabalho com o desempenho requerido, sentem que fazem a diferença, dando ensejo à motivação para continuar. A convicção tem como premissa a motivação e a resiliência, que fazem o profissional continuar produtivo mesmo em tempos de crise.
3. **Cultura** – Esse é um fator importante, porque a cultura organizacional deve estar alinhada com a cultura do profissional.
4. **Compromisso** – Refere-se ao envolvimento que o profissional tem com a organização, acreditando no que faz e tendo pensamentos positivos relacionados com o trabalho. Os profissionais identificam a importância de a organização ter sua missão, fortalecendo, desse modo, seu compromisso para com ela.
5. **Confiança** – Retrata a necessidade de entender o que a empresa espera dos profissionais. Esse fator eleva a autoestima, fazendo com que o profissional entregue o que é esperado pela empresa.

Mas a felicidade depende também de fatores externos ao ambiente de trabalho, pois as pessoas não estão imbuídas de sentimentos de felicidade 24 horas por dia, mas precisam encontrar no ambiente de trabalho fatores de motivação que estão relacionados com a satisfação daquilo que elas executam.

Algumas empresas despertam nas pessoas um sentimento de prazer ao se pensar em trabalhar lá. Um exemplo é o Cirque du Soleil, que indica em seu *site* o "As seis boas razões para fazer parte do Cirque du Soleil", sendo uma delas a seguinte: "Ambiente de vida" – "Participar de um espetáculo de turnê ou de um *show* fixo lhe colocará em contato com uma variedade incrível de culturas e de nacionalidades além de dar a oportunidade de compartilhar um forte sentimento de amizade e solidariedade". (Cirque du Soleil, 2017).

O profissional com o perfil de habilidades artísticas ficará motivado a trabalhar em uma empresa preocupada em propiciar viagens, conhecimentos e compartilhamento de relações sociais.

A busca por felicidade e prazer no trabalho são valores que fazem com que as pessoas façam de tudo para que o espetáculo, nesse caso do Cirque du Soleil, seja uma experiência de prazer a ser vivenciada também por aqueles que o assistem. A tônica do sucesso é o prazer pelo que faz, pois assim todos transformam o ambiente em momentos memoráveis e agradáveis.

> A solidariedade é uma mola propulsora incrível, capaz de motivar os colaboradores a dar o melhor de si em prol dos outros. Assim, para quem trabalha em ambientes não tão festivos, como em funerárias, cemitérios ou hospitais, a prestação do serviço é pautada no respeito e em propiciar o máximo de consolo para aqueles que passam por um momento tão doloroso.

Dessa forma, a felicidade pode ser perseguida em qualquer tipo de ambiente de trabalho. A motivação é a busca de cada um. As pessoas devem evitar ambientes que lhe fazem mal, mas se isso não for possível, devem procurar encontrar nesses espaços algo que as motive, que as façam sentir que estão contribuindo com as outras pessoas, que propicie sentido para sua vida.

Para refletir

Seja uma pessoa positiva

Em casa ou no trabalho ou na companhia de amigos seja uma pessoa que transmite otimismo, e você verá que esse otimismo voltará para você e influenciará favoravelmente a sua vida.

Se você estivesse diante de um desafio – seja subir uma montanha ou terminar um projeto no trabalho –, que tipo de pessoas você gostaria de ter a seu lado? Pessoas pessimistas que lembrassem da probabilidade de fracasso ou pessoas otimistas que acreditassem no seu sucesso?

Pense nas pessoas em cuja companhia você gosta de estar. Pense nas pessoas cuja presença faz bem a você. O que elas têm em comum? Alguma delas é pessimista – está sempre esperando que aconteça o pior? Não. Nossa tendência é nos aproximarmos das pessoas que encaram a vida com expectativas agradáveis. [...]

Fonte: Niven, 2001, p. 19.

Para saber mais

Conheça mais sobre o Cirque Du Soleil e seus valores, que propiciam um ambiente desejado para se trabalhar.

CIRQUE DU SOLEIL. **Seis boas razões para fazer parte do Cirque du Soleil.** Disponível em: <https://www.cirquedusoleil.com/pt/jobs/casting/work.aspx>. Acesso em: 26 out. 2016.

4.3 A República Federativa do Brasil: plano estratégico e competências

Antes de abordarmos as competências da República Federativa do Brasil, é importante conceituarmos *competência*, que pode ter várias designações. No final da Idade Média, era utilizada essencialmente na esfera jurídica. Por isso, é comum dizer que determinado juiz é incompetente, porém, a incompetência, nesse caso, não está relacionada a seu desempenho profissional, mas sim à jurisdição em que se encontra.

Não obstante, a *competência* a que nos referimos tem relação com eficiência e eficácia. Em determinadas situações, alguém pode ser eficiente, mas não eficaz. Parece estranha essa afirmação, porém a eficiência é considerada como o meio, e a eficácia, o resultado. Exemplificando: um empregado verifica que ocorreu a abertura de um buraco no estacionamento da empresa e imediatamente vai até o local para tapar o buraco, a fim de evitar eventual acidente. Dessa forma, percebemos que ele foi eficiente, fazendo o certo, porém não foi eficaz, porque ele deveria, inicialmente, analisar e verificar a causa da abertura do buraco e, somente depois, fechá-lo de forma definitiva.

Na década de 1980, em razão do início do processo de globalização, muitas empresas passaram a padronizar os processos, como a implantação de sistemas de gestão de qualidade. De forma simplista, podemos dizer que esse modelo propicia que não se perca o método sistematizado pela empresa, garantindo a rastreabilidade e a qualidade do produto. É comum que determinado profissional saiba perfeitamente realizar algumas atividades, porém, se esse conhecimento não for compartilhado com outros profissionais, no momento de uma demissão, ele se perde e, com ele, a eficiência e a eficácia.

Para aumentar a eficiência e a eficácia da organização, é de extrema importância que os colaboradores desenvolvam suas competências e habilidades, e isso ocorre por meio do conhecimento.

É necessário salientar que existem diferenças entre **informação** e **conhecimento**. Um exemplo para facilitar essa compreensão é o filme *Piratas do Caribe: no fim do mundo* (2007), na parte em que o pirata Jack Sparrow está voltando com sua tripulação para o seu mundo, dentro do navio e em alto mar, e percebe como se o mundo estivesse de cabeça para baixo. Ele estava de posse das informações necessárias, fornecidas por instrumentos como a bússola e o mapa, mas não tinha o conhecimento de como utilizá-los. Quando conseguiu entender as informações, adquiriu conhecimento e conseguiu retornar ao seu mundo, que era o objetivo.

Da mesma forma, nas organizações há inúmeras informações, mas que não são devidamente transmitidas aos profissionais. Portanto, uma empresa pode ter modelos extraordinários por escrito, uma gestão de qualidade impecável, um planejamento estratégico para cinco anos, um processo de integração de cinco dias, porém, é necessário que ela compreenda como essas informações são recebidas. Nos órgãos da Administração Pública, isso pode ser verificado na transmissão das informações do Plano Diretor.

Compreendendo o que é ser competente, eficiente e eficaz, é possível analisar as competências da República do Brasil, que passou pelos seguintes regimes políticos: colônia de Portugal (1500 a 1808), monarquia (Independência e Império – 1808 a 1889), república (1889 a 1906), oligarquia (1906 a 1930), república (1930 a 1964); ditadura militar (1964 a 1985) e o regime democrático (1985 até o momento), em que o presidente do país é eleito pelo voto direto (povo).

Cada fase carrega a própria cultura e história. Não há intenção de tratar detalhadamente o perfil de cada uma delas, apenas ressaltamos que esse legado exerce influência nas ações do país.

Por isso, ao escolher um dirigente, devemos analisar com muito cuidado quem é o candidato. A votação é o momento de participar do processo de seleção dos diversos candidatos, de exercer o papel de cidadão e de outorgar a um representante que fale, pense e tome as medidas necessárias enquanto durar seu mandato, que será, a princípio, de quatro anos.

Essas pessoas são capacitadas para exercer o poder? Elas têm as habilidades e as aptidões necessárias para fazer uma gestão competente com eficiência e eficácia?

Esses líderes, por sua vez, podem indicar seus agentes públicos, ou seja, os cargos em comissão. Por outro lado, também têm como desafio ter, em suas equipes de trabalho, servidores públicos concursados, que eles não entrevistaram nem verificaram o perfil necessário para o cargo para os quais foram designados. Não se tem uma solução prática para essa situação. Contudo, há uma grande preocupação por parte da Administração Pública de conseguir conciliar essas lacunas e buscar alternativas que possam auxiliar a transformar a máquina pública competente aos objetivos a ela imputados pelas legislações e conforme os anseios da população.

Pensando em planejamento estratégico, quais seriam a missão, a visão e os valores da República Federativa do Brasil? A resposta encontra-se na Constituição Federal de 1988 (CF/1988):

> Nós, representantes do povo brasileiro, reunidos em Assembleia Nacional Constituinte para instituir um Estado Democrático, destinado a assegurar o exercício dos direitos sociais e individuais, a liberdade, a segurança, o bem-estar, o desenvolvimento, a igualdade e a justiça como valores supremos de uma sociedade fraterna, pluralista e sem preconceitos, fundada na harmonia social e comprometida, na ordem interna e internacional, com a solução pacífica das controvérsias, promulgamos, sob a proteção de Deus, a seguinte CONSTITUIÇÃO DA REPÚBLICA FEDERATIVA DO BRASIL. (Brasil, 1988)

A CF/1988 deixa bem claro: "Nós, representantes do povo brasileiro [...]"; sendo a Constituição a lei máxima de um país, a população brasileira, ao votar, outorga poderes plenos para que os representantes eleitos façam o que for necessário para "assegurar o exercício dos direitos sociais e individuais a liberdade, a segurança, o bem-estar, o desenvolvimento, a igualdade e a justiça [...]", em consonância com os limites da lei.

A Carta Magna abraça a todos os que estiverem de acordo com a legislação no território nacional, mas os que exercem cargos públicos têm de fazer com que aqueles que estão no território brasileiro cumpram com os diversos dispositivos constitucionais e legais.

Vejamos o seguinte texto publicado no *site* do Supremo Tribunal Federal:

> O Poder Judiciário é regulado pela Constituição Federal nos seus artigos 92 a 126. Ele é constituído de diversos órgãos, com o Supremo Tribunal Federal (STF) no topo. O STF tem como função principal zelar pelo cumprimento da Constituição. Abaixo dele está o Superior Tribunal de Justiça (STJ), responsável por fazer uma interpretação uniforme da legislação federal.
>
> No sistema Judiciário brasileiro, há órgãos que funcionam no âmbito da União e dos estados, incluindo o Distrito Federal e Territórios. No campo da União, o Poder Judiciário conta com as seguintes unidades: a Justiça Federal (comum) – incluindo os juizados especiais federais –, e a Justiça Especializada – composta pela Justiça do Trabalho, a Justiça Eleitoral e a Justiça Militar.
>
> A organização da Justiça Estadual, que inclui os juizados especiais cíveis e criminais, é de competência de cada um dos 26 estados brasileiros e do Distrito Federal, onde se localiza a capital do país.
>
> Tanto na Justiça da União como na Justiça dos estados, os juizados especiais são competentes para julgar causas de menor potencial ofensivo e de pequeno valor econômico. (STF, 2011)

Pelo exposto, verificamos que as competências do Estado já estão devidamente estabelecidas pela CF/1988, que faz surgir novos ordenamentos legais para que se possa cumprir com os objetivos estabelecidos.

4.4 As organizações privadas e suas competências

O Brasil, conforme já exposto, tem muito bem definidos seu planejamento estratégico e suas competências. Da mesma forma, as organizações também têm de estabelecer sua competência, pois, como será possível exigir dos profissionais comportamentos e entrega das tarefas que lhe são atribuídos se não estiver bem claro o que se espera deles?

As organizações somente podem definir o que espera de seus profissionais depois de estipulados sua missão, sua visão e seus valores e, concomitantemente, o planejamento estratégico.

Basicamente, a **missão** indica a razão de ser da empresa, a **visão** aponta o que a organização pretende ser, e os **valores** são os princípios éticos. Assim esses três princípios são de extrema importância para a construção do planejamento estratégico da empresa.

As organizações, ao se planejarem, descobrem suas forças e também quais as oportunidades de melhoria. Ao conseguir expor o que se pretende com a organização, no presente e no futuro, é possível estabelecer metas e objetivos a serem alcançados. Nessa caminhada, estarão presentes os profissionais, as pessoas da organização. A cada um deles será designada uma tarefa. Assim, é necessária a descrição das atividades e das habilidades os profissionais precisam ter.

No momento em que a organização define o planejamento estratégico, ela está apta a elaborar a gestão por competências. Na implantação desse projeto, é de suma importância a participação do gestor de recursos humanos, para que possa ir planejando as ações necessárias para os programas de capacitações e desenvolvimento. Um deles é a aplicação da matriz de SWOT, sigla em inglês que significa: *strenghts* (força), *weaknesses* (fraquezas), *opportunities* (oportunidades) e *threats* (ameaças), que, no Brasil, também é conhecida como *Fofa*. Na matriz, as áreas são divididas e separadas: a análise interna é focada nas forças e nas fraquezas, e a externa, em oportunidades e ameaças. Em uma organização, por exemplo, na matriz de SWOT, pode ser verificado como fraqueza que, no quadro de colaboradores, não haja pessoas com o perfil necessário para as metas estabelecidas e, como forças, as estratégias de atração de talentos por meio de recrutamento externo.

Programa de gestão por competência

Alguns conceitos são importantes para a compreensão do programa de gestão por competência, que envolve habilidade e aptidão. Assim, é necessário invocar o CHA – **conhecimento, habilidade e atitude**. Leme (2005) desdobra o CHA da seguinte forma:

Quadro 4.1 – CHA – *conhecimento, habilidade e atitude*

Conhecimento	Saber	Competência Técnica
Habilidade	Saber fazer	
Atitude	Querer fazer	Competência Comportamental

Fonte: Adaptado de Leme, 2005, p. 18.

As organizações, principalmente o setor de gestão de pessoas, procuram implementar estratégias junto aos líderes para motivar os colaboradores a "querer fazer". São desenvolvidas diversas capacitações, porém, por vezes, depara-se com profissionais que estão acomodados e não têm mais a atitude de "querer fazer", preferem continuar a executar o processo da mesma forma de sempre.

Isso faz com que a implementação do planejamento estratégico da empresa seja morosa. Assim, nas letras do CHA, é possível dizer que o "A" é o principal ponto de atenção. Um programa com certeza dará resultados desde que as pessoas estejam engajadas e motivadas.

> O primeiro mapeamento que as organizações devem fazer é em relação às suas pessoas, se elas têm a capacidade de enfrentar as mudanças e ser flexíveis. Outro ponto de atenção é o de colocá-las nos lugares certos. A experiência no dia a dia mostra que os indivíduos desejam ser felizes no que fazem, mas, muitas vezes, começam a trabalhar em determinadas tarefas porque não têm outra escolha. Assim, no momento do processo de recrutamento, deve-se verificar muito bem o perfil, as qualificações e o interesse do candidato.

As organizações esperam que seus colaboradores tenham atitude sobre o negócio como se donos dele fossem. Contudo, para isso, o empregador deve tratar seus colaboradores com respeito, implantando programas que permitam as sensações de justiça e de pertencimento.

Colombo (2010) ensina que, com os novos cenários organizacionais e as exigências do mercado, e até mesmo para um posicionamento diferenciado, faz-se necessário acrescentar duas às três letras: CHA + V + E = **CHAVE**. O *V* passa a designar os **valores**, e o *E*, a **entrega das tarefas** que foram atribuídas ao colaborador, imbuída de vários significados.

E acrescenta:

> O "V" representa os valores, que formam a base, o referencial de vida do indivíduo. Para construir uma sociedade responsável e comprometida com a sustentabilidade das gerações futuras, precisamos incluir uma lista de valores na análise de nossas ações e na qualidade dos resultados que pretendemos.
>
> "E" que agrega uma série de significados essenciais que não eram focados pelo conceito antigo. Destacamos a emoção, o entusiasmo, o entorno e a energia. Estas

> dimensões representam o contexto onde encontramos as condições para expressar a competência. Onde a competência realmente pode ser exercida. Estes elementos renovam e fortalecem o conceito de competência. (Colombo, 2010).

Outro modelo de administração de pessoas que tem base nos pressupostos da gestão por competência é o Sistema Integrado de Gestão de Pessoas (SIGP), que foca no desenvolvimento e no aproveitamento de três diretrizes. Para defini-las, é necessário utilizar os pressupostos do CHA (Durand, 2000).

O CHA se complementa nesse modelo de gestão quando reforçamos a gestão por competência com *feedback* constante e gestão de alta *performance*.

> A boa liderança deve estimular integração entre pessoas, trocas de experiências, cumplicidade e cooperação pela via da proximidade dos níveis organizacionais, do relacionamento interno e também pelo investimento em capacitação e treinamento. Pessoas são produtivas quando, além de terem suas tarefas e processos bem planejados, convivem e não apenas trabalham. E pela via da convivência, a troca é naturalmente maior, o sentimento de pertencimento surge, a unicidade é criada e com ela algo muito forte: a identidade das pessoas com a empresa. Esse é o caminho da verdadeira motivação, que não vem de palestras pontuais ou campanhas de incentivo, vem da construção de motivos e significados que envolvem pessoas e suas atividades à missão da empresa. (Miyashita, 2015)

Ainda segundo Miyashita (2015), "profissionais alinhados, treinados, integrados e motivados são fortes geradores de propostas de mercado." Assim, caem por terra teorias burocráticas e protecionistas e vem à tona a boa e produtiva "prática da meritocracia". O mesmo autor ainda completa que só assim "consegue-se a criação e a manutenção de alta performance no desempenho da equipe". E finaliza:

> A atuação superior acontece porque todos trabalham para todos e a chave para implementá-la vem da prática das cinco competências de gestão: planejamento, controle, treinamento, integração e motivação. Realmente exige esforço ensinar, orientar e servir a equipe. Mas esse é o caminho da liderança. (Miyashita, 2015)

A ideia de sistemas integrados de gestão parte da composição em igualdade de todos os fatores relativos ao desenvolvimento do trabalho e suas necessidades. Integram-se com igual importância: tecnologia, mercado, remuneração, motivação, sensação de pertencimento, satisfação humana e por aí vai. Por essa diretriz, fica claro o quão importante é a figura do colaborador para o desenvolvimento do negócio ou serviço, seja ele público, seja privado.

Qual a principal razão do descrédito e da desvalorização do serviço prestado por um servidor público?

Segundo Moller (1992, p. 14),

> o sucesso de uma organização depende, fundamentalmente, do nível da qualidade dos seus serviços. A qualidade do desempenho é orientada por padrões diferentes como pode ser percebido de modo diverso, dependendo da situação e da referência que tem o cliente para avaliar a qualidade

> A qualidade pessoal é a base de todos os outros tipos de qualidade, pois são os altos níveis de qualidade pessoal que contribuem para os altos níveis de qualidade nos departamentos que, por sua vez, criam serviços de qualidade superior.

Assis (2009) condiciona a qualidade do atendimento no serviço público com a satisfação em exercer a função:

> A qualidade de uma pessoa, com relação ao atendimento, significa efetuar o seu trabalho, diariamente, da melhor forma possível. A qualidade do desempenho é norteada pelos padrões que o indivíduo conhece e essa, de certa forma, está ligada diretamente à sua autoestima. Entre as padronizações existe o nível de desempenho para ser alcançado em termos de expectativas e exigências das pessoas. O alongamento que se encontra entre esses níveis demonstra o potencial de desenvolvimento que é um desafio a ser enfrentado, com possibilidades de sucesso.

Podemos entender, então, que a **qualidade de serviço** está ligada à **qualidade de gerenciamento** de equipe. Se a equipe estiver bem capacitada, motivada e estimulada, certamente aí residirá o diferencial competitivo da organização.

Para que esse quadro se mantenha, é preciso constantemente voltar a atenção aos seguintes fatores:

- demandas do mercado;
- expectativas dos consumidores;
- criação, inovação e capacitação dos colaboradores;
- aprendizagem constante.

Outra questão relevante refere-se às críticas. Muitas vezes, as devolutivas feitas em *feedbacks* "tocam em feridas" que o colaborador nem sabia que tinha. Por isso, o processo deve ser realizado de acordo com a adequada metodologia e fundamentado em verdades e conhecimento de causa. O líder deve tomar cuidado em repassar informações que tenham como base fatos. O caminho está em ir além dos fatos e apurar a evidências.

> Muitas vezes as devolutivas feitas em feedbacks "tocam em feridas" que o colaborador nem sabia que tinha.

No setor público, são comuns os cargos comissionados e as indicações de hierarquias superiores, e alguns colaboradores acabam por se ressentir quando convivem com pessoas de seu grupo de trabalho que estão fora do alcance das regras e dos procedimentos da gestão à qual pertence. Muitas vezes, o próprio líder não tem autoridade perante determinado colaborador. Essa é uma realidade da Administração Pública brasileira que está em constante discussão. Já evoluímos, mas a própria gestão de pessoas é fundamental para a mudança desse quadro.

O SIGP é uma ferramenta extraordinária para minimizar os efeitos de colaboradores que desagregam a equipe. Quando o cargo ocupado é gerenciado e aquele que o ocupa está constantemente sendo informado sobre a evolução de suas funções, os resultados não podem ser mascarados e fica difícil "fugir" das responsabilidades.

- Para onde eu quero ir?
- Como eu posso chegar lá?
- Quando eu quero chegar lá?
- O que eu preciso ter (ferramentas, estratégias) para chegar lá?
- O que eu preciso fazer para chegar lá?
- Quem eu preciso para me ajudar a chegar lá?

Essas diretrizes precisam ser constantemente reforçadas e atualizadas com a equipe, para que o colaborador saiba o que se espera dele. É a própria integração de gestão.

As organizações têm o grande desafio de proporcionar a seus colaboradores a capacitação necessária para o desenvolvimento das competências técnicas, e as comportamentais devem ser avaliadas no momento do recrutamento interno, a fim de verificar se estão em consonância com os valores da empresa.

Para saber mais

Leia o texto sobre a história de Thomas Edison, que foi um grande inventor e líder, e reflita a respeito da importância de jamais desistir diante dos desafios. A segunda indicação, de Fernandes, aborda o tema da qualidade no Brasil, e os respectivos fatos que ocorreram na busca por esse quesito não somente no Brasil, mas também no mundo, desde os primórdios.

THOMAS EDISON, o gênio da lâmpada. **Super Interessante**, n. 8, ano 4, 30 nov. 1988. Disponível em: <http://super.abril.com.br/cotidiano/thomas-edison-genio-lampada-438845.shtml>. Acesso em: 26 out. 2016.

FERNANDES, W. A. **O movimento da qualidade no Brasil**. São Paulo: Essential Idea, 2011. Disponível em: <http://www.inmetro.gov.br/barreirastecnicas/pdf/Livro_Qualidade.pdf>. Acesso em: 26 out. 2016.

Síntese

Neste capítulo, destacamos o papel essencial da liderança para o sucesso das empresas e examinamos as tendências em relação ao que se espera dos líderes no futuro. Ressaltamos o quanto é importante a criação de ambientes felizes e que é possível criá-los independentemente do tipo de atividade a ser desenvolvida.

Dois pontos são fundamentais para o sucesso das organizações e de seus profissionais, tanto da empresa privada quanto da Administração Pública: a sustentabilidade e a perenidade da qualidade e da produtividade, que podem ter início com a implementação do planejamento estratégico. É um ciclo que deve ser alimentado e retroalimentado constantemente. Assim, a gestão de competências, o desenvolvimento individual e a gestão de talentos devem caminhar juntos, e os dois atores envolvidos – profissionais e organizações – têm suas responsabilidades, cada um fazendo a sua parte.

Questões para revisão

1. Suponha que você trabalha em uma empresa de arquitetura no cargo de gestor e foi incumbido de fazer um projeto de paisagismo em um hospital, mas ainda não tem uma equipe formada para o trabalho. Indique as competências necessárias aos integrantes da futura equipe que fará parte do projeto.

2. Segundo Miyashita (2015), é a capacidade do líder em estimular a integração entre pessoas, as trocas de experiências, a cumplicidade e a cooperação por meio da proximidade dos níveis organizacionais, do relacionamento interno e também do investimento em capacitação e treinamento. Cabe ao líder

retroalimentar a motivação e a qualidade de serviço da equipe principalmente por essa ação. A qual ação se refere?

3. Relacione os conceitos a seguir aos respectivos significados e assinale a alternativa que apresenta a sequência correta:
   (1) Escolas e universidades
   (2) Agências de recrutamento
   (3) Associações profissionais
   (4) Site da empresa ou de outras empresas e consultorias especializadas.
   ( ) Recrutamento pela internet.
   ( ) Órgãos de classes como OAB, CREA, CRA e outros que disponibilizam em seus sites oportunidades de emprego.
   ( ) Site com banco de oportunidades no qual as empresas também são convidadas a participar de eventos internos ofertando as vagas.
   ( ) Especializadas em segmentos de mercado que buscam profissionais, ou os chamados Head Hunter na busca de executivos.
   a. 2, 3, 1, 4.
   b. 4, 3, 1, 2.
   c. 4, 1, 2, 3.
   d. 2, 3, 4, 1.

4. Relacione os conceitos a seguir aos respectivos significados e assinale a alternativa que apresenta a sequência correta:
   (1) Planejamento estratégico
   (2) Missão
   (3) Visão
   (4) Valores
   ( ) Razão de ser

( ) Princípios éticos da organização
( ) Estabelece a direção a ser seguida pela organização
( ) O que pretende ser
a. 1, 3, 4, 2.
b. 2, 4, 1, 3.
c. 4, 2, 1, 3.
d. 1, 2, 3, 4.

5. Leia o texto a seguir e preencha as lacunas.
Alguns conceitos são importantes para a compreensão do programa de gestão por competências, que tem a ver com _____ e _____ e, assim, é necessário invocar o CHA, que significa _____, _____ e _____.

Assinale a alternativa que apresenta a resposta correta:
a. conhecimento e habilidade; aptidão, conhecimento, habilidade e atitude;
b. habilidade e aptidão; conhecimento, habilidade e atitude;
c. habilidade e atitude; conhecimento, habilidade e aptidão;
d. aptidão e conhecimento; conhecimento; habilidade e atitude.

Questões para reflexão

1. Você é feliz no trabalho? Sobre os fatores de felicidade estudados, qual deles você acredita ser o mais importante para a felicidade no ambiente de trabalho?

2. Na organização em que você trabalha, como é seu comportamento? Está disposto a fazer o que lhe é atribuído. Tem conhecimento e habilidades para entregar as tarefas de acordo com o solicitado?

3. Você se considera eficiente ou eficaz? Explique.

4. Você se considera uma pessoa competente? Explique.

capítulo cinco

KPG_Payless/Shutterstock

Sistemas de carreira e remuneração por competência

Conteúdos do capítulo:

- Cargos e salários.
- Remuneração e benefícios.
- Planejamento de carreira.
- A construção de um sistema de remuneração estratégica.
- A remuneração por competência e a gestão pública.

Após o estudo deste capítulo, você será capaz de:

1. conceituar *cargos, salários remuneração* e *benefícios*;
2. elaborar um planejamento de carreira;
3. identificar os diferenciais envolvidos na elaboração do próprio planejamento de carreira.

Neste capítulo, abordaremos cargos, salários e benefícios e seus diferenciais. Ressaltaremos a importância de as organizações implantarem sistemas de planejamento de carreira, porque as pessoas precisam entender a constituição de sua remuneração, com vistas a encarar desafios, para que possam ser remuneradas de forma diferenciada.

5.1 Conceitos de cargo e salário

A partir do momento da decisão de constituir uma empresa, já se deve ter bem resolvidos o planejamento estratégico organizacional e as competências necessárias para o desenvolvimento das atividades a que se propõe, ou seja, como será sua atuação no mercado. Em seguida, o foco se volta à forma de estruturar as pessoas na organização, quanto vale cada tarefa e quanto vale cada colaborador. São premissas que desafiam os gestores de pessoas há muito tempo e ainda não se chegou a um consenso, em razão da presença da subjetividade na relação ser humano *versus* valor pecuniário.

Russomano (1988, p. 132), em seus estudos, informa que as "sociedades antigas não tiveram preocupações sobre a fixação do salário". Para sustentar essa afirmação, o autor relembra o sistema escravocrata, em que a preocupação não era remunerar o trabalho, mas manter os escravizados bem alimentados e com saúde para que pudessem desenvolver de forma adequada as atividades que lhes eram atribuídas, visto que não eram consideradas pessoas, mas sim propriedade. Já no século XX, a medida do salário era atribuída de acordo com "a lei da oferta e da procura" (Russomano, 1988, p. 132).

Russomano (1988, p. 133) observa, ainda, a questão do "marginalismo do trabalhador", principalmente com o advento dos regimes fabris e da questão do consumismo. Dessa forma, os profissionais acabavam aceitando qualquer oferta remuneratória.

> Com isso, o Estado, para tentar coibir essas concorrências desleais, fixou no Brasil o salário mínimo, ou seja, o valor mínimo aceitável para a sobrevivência do trabalhador. Com o tempo, vários estados e sindicatos fixaram os próprios pisos salariais.

Como o próprio nome indica, *salário mínimo* é o menor salário estabelecido. Trata-se de um piso referencial, assegurando que o empregado não receba valor inferior. Foi estabelecido pela Lei n. 185, em janeiro de 1936, e o Decreto Lei n. 2.162, de 1º de maio de 1940, determinou seu primeiro valor (Salário Mínimo, 2009).

É necessário, antes de se fixar o piso salarial na empresa, que seja verificado o valor do piso regional e também o piso salarial da respectiva categoria sindical. O maior valor entre os pisos é o que deve ser pago ao trabalhador.

O art. 76 do Decreto-Lei n. 5.452, de 1º de maio de 1943 (Brasil, 1943), que aprovou a Consolidação das Leis do Trabalho – CLT, dispõe o seguinte:

> Art. 76. Salário mínimo é a contraprestação mínima devida e paga diretamente pelo empregador a todo trabalhador, inclusive ao trabalhador rural, sem distinção de sexo, por dia normal de serviço e capaz de satisfazer, em determinada época e região do país as necessidades normais de alimentação, habitação, vestuário higiene e transporte. (Brasil, 1943)

Não vamos adentrar nas questões filosóficas de que o salário mínimo não dá conta de sustentar satisfatoriamente os trabalhadores, da forma descrita no art. 76, pois se trata de algo bem complexo, que assola há anos nosso país, não sendo o foco deste livro. Mas não podemos deixar de verificar que o legislador procurou, de todas as formas, fixar os pisos para as diferentes categorias e estabelecer de que modo deve ser calculado o salário nos diversos sistemas no tempo e por produção, como os diaristas, os mensalistas, os horistas, os comissionados, os tarefeiros etc.

A Lei 13.467, de 13 de julho de 2017 (Brasil, 2017b), trouxe algumas alterações ao respectivo artigo, que ficou com a seguinte redação:

> Art. 461. Sendo **idêntica a função**, a todo **trabalho de igual valor**, prestado ao mesmo empregador, no mesmo **estabelecimento empresarial**, corresponderá igual salário, sem distinção de sexo, **etnia**, nacionalidade ou idade. (Brasil, 2017b, grifo nosso)

Portanto, agora, a prestação do serviço deverá ser para o mesmo empregador, no mesmo estabelecimento empresarial, e não necessariamente na mesma localidade, como era anteriormente. Também foi acrescida a proibição de distinção étnica.

Vamos analisar mais profundamente as expressões indicadas no trecho citado.

Idêntica função

Quando se fala em função, faz-se necessária a descrição dela ou do cargo. Milioni (2003, p. 80) conceitua *função* como: "Conjunto de atividades vinculadas entre si naturalmente dirigidas a um objetivo. Pode significar também segmentos da ação global da administração de empresas, como; função financeira, função de produção, função de pessoal etc.". E o conceito de *cargo*, de acordo com Milioni (2003, p. 48): "É a posição organizacional de uma função. O cargo dá a titulagem oficial das tarefas desempenhadas por uma ou várias pessoas". A descrição desse cargo ou função deverá atender ao planejamento estratégico estabelecido ou, como Milioni descreve, "dirigidas a um objetivo". Em síntese, cargo é algo genérico para dar conta da estrutura organizacional.

Leme (2005, p. 5-6) interpreta que: "Cargo é na folha de pagamento, registro em carteira é diferente de função, que representa o que o colaborador deve ser ou fazer em sua organização. Afinal, somos o que fazemos, e não o que está registrado em contrato".

Para o legislador, um dos componentes para determinar a questão da equiparação salarial não diz respeito somente à nomenclatura do cargo, mas sim às atividades executadas. Vamos examinar esses requisitos.

Trabalho de igual valor

Em relação ao trabalho de igual valor, a Lei n. 13.467/2017 alterou o parágrafo 1º do art. 461 da CLT, conforme segue:

> Art. 461 [...]
> § 1º Trabalho de igual valor, para os fins deste Capítulo, será o que for feito com igual produtividade e com a mesma perfeição técnica, entre pessoas cuja diferença de tempo de serviço para o mesmo empregador não seja superior a quatro anos e a diferença de tempo na função não seja superior a dois anos. (Brasil, 2017b, grifo nosso)

Na redação anterior, era exigida apenas a diferença de tempo na função (dois anos), com a alteração, a prestação de serviço ao mesmo empregador não pode ser superior a quatro anos.

Para melhor interpretar esse dispositivo, podemos procurar auxílio nos ensinamentos estudados no CHA (conhecimento, habilidade e atitude). A organização deve indicar, de modo claro e sistematizado, quais os conhecimentos e as habilidades necessárias para os cargos e, neles, ter as competências bem definidas, sejam técnicas, sejam comportamentais. Isso facilita a identificação da produtividade e a perfeição técnica.

No capítulo anterior, abordamos o conceito do acrônimo *Chave*, em que o *V* compreende os valores e o *E*, a entrega, a produtividade. É possível, portanto, estabelecer diferenciações salariais ou programas de remunerações que privilegiem profissionais cuja entrega será com qualidade e mais perfeição técnica do que a de outro colaborador que tenha o mesmo cargo.

Diferença de tempo de serviço inferior a dois anos

Por esse conceito podemos entender que, se o empregado tiver menos do que dois anos de permanência na função, não será possível estabelecer a equiparação salarial caso outro empregado, o paradigma, tenha mais de dois anos e receba um salário de valor mais alto. O legislador fundou-se no conceito de quanto mais tempo o empregado estiver no cargo, mais tem habilidade técnica. No entanto, será que isso garante uma melhor entrega? No dia a dia nos deparamos com situações práticas que nos remetem a entender o contrário. Destacamos que o prazo de dois anos de tempo de serviço na função deve ser na mesma empresa; é desconsiderado o tempo realizado em outras instituições.

Reiteramos que a Lei n. 13.467/2017 adicionou a prestação do serviço ao mesmo empregador por quatro anos como mais um requisito da equiparação salarial. Isso faz com que os empregados com mais tempo de serviço não fiquem desmotivados, suprimindo uma lacuna legislativa anterior – pois a lei apenas exigia o tempo na função, e não na empresa.

Conforme exposto anteriormente, os requisitos exigidos pela legislação trabalhista – idêntica função, trabalho de igual valor, diferença de tempo de serviço e de tempo na função – são premissas que norteiam as empresas no momento em que pretendem sistematizar o quadro de cargos e salários. Essa política que objetiva dar conta da questão de estabelecer as tabelas de cargos e salários, utiliza os seguintes critérios:

- fazer o mapeamento dos cargos necessários (planejamento estratégico);
- analisar o mercado em relação a esses cargos e saber os valores fixados para os pisos salariais, ou seja, o piso ideal em empresas do mesmo segmento;
- construir uma tabela simples; sugere-se que os cargos sejam genéricos.

Tomemos, por exemplo, a análise do cargo de auxiliar administrativo: a empresa, em sua estrutura organizacional, conta com diversas diretorias e áreas. Dessa forma, pode ter auxiliares administrativos nas diretorias de *marketing* e administrativa e, ainda, nesta última, nas áreas de contabilidade, financeira etc.

Podem ser fixados números para cada diretoria – à de *marketing*, por exemplo, seria atribuído o número 4. Nesse caso, o cargo de auxiliar administrativo nessa diretoria será classificado como 4.1; no financeiro, cuja diretoria é de número 5, 5.1. Assim haverá várias descrições para as atividades de auxiliar administrativo em conformidade com a respectiva área em que o colaborador vai atuar. Esse procedimento é também uma forma de não "inchar" a folha de pagamento.

Ao serem feitas as descrições de cargo pelo setor de recursos humanos, é importante que sejam elaboradas concomitantemente com o setor de segurança e medicina do trabalho, para fins dos laudos obrigatórios do Programa de Controle e Medicina Ocupacional (PCMSO) e do Programa de Prevenção e de Riscos Ambientais (PPRA), que culminará no formulário obrigatório do Perfil Profissiográfico Previdenciário (PPP) – a ser entregue com a rescisão contratual para fins do regime previdenciário. E, com advento do eSocial*, esses programas devem estar interligados e organizados.

✦ ✦ ✦

* O eSocial é um projeto do Governo Federal que vai unificar o envio de informações pelo empregador em relação a seus empregados (Brasil, 2017d).

É comum verificar que, em diversas empresas, alguns setores que fazem parte da administração de recursos humanos apresentam gestão descentralizada, sem que haja interação. Por exemplo, o setor de cargos e salários e o Serviço Especializado em Engenharia de Segurança e em Medicina do Trabalho (SESMT). Existem informações que permeiam os dois setores, como a descrição e o perfil do cargo, que, por vezes, consta de forma diferenciada em cada setor, ensejando possíveis passivos trabalhistas.

> **Para refletir**
>
> O *Leão e o chacal*
>
> A condução das empresas está nas mãos de muitos gerentes e de poucos líderes.
>
> Com vínculos abusivos fica alterada para sempre a convivência; invade-nos então a desconfiança generalizada e o ar se torna irrespirável.
>
> No entanto, é tarefa do próprio *management* criar o ambiente e o clima de trabalho.
>
> Todo líder tem seu tempo de gestão, a oportunidade é efêmera [...]

Fonte: Mariscal, 2008, p. 116-117.

Na próxima seção, analisaremos a remuneração e suas diferenças em relação ao salário.

5.2 *Remuneração e benefícios*

Nesta seção, abordaremos as distinções entre remuneração e benefícios.

Remuneração

Conceitualmente, *salário* é o valor estabelecido pelo trabalho a ser desenvolvido, e *remuneração* é o pacote que envolve salário, recompensas e benefícios.

A CLT assim dispõe em seu art. 457:

> Art. 457. Compreendem-se na remuneração do empregado, para todos os efeitos legais, além do salário devido e pago diretamente pelo empregador, como contraprestação do serviço, as gorjetas que receber.
>
> §1º Integram o salário não só a importância fixa estipulada, como também as comissões, percentagens, gratificações ajustadas, diárias para viagens e abonos pagos pelo empregador;
>
> §2º Não se incluem nos salários as ajudas de custas, assim como as diárias para viagens que não excedam de 50% (cinquenta por cento) do salário percebido pelo empregado.
>
> §3º Considera-se gorjeta não só a importância espontaneamente dada pelo cliente ao empregado, como também aquela que for cobrada pela empresa ao cliente, como adicional nas contas, a qualquer título, e destinada à distribuição aos empregados.[*] (Brasil, 1943)

◆ ◆ ◆

[*] Redação do dispositivo anterior à Lei n. 13.467/2017.

A Lei n. 13.467/2017 (Brasil, 2017b) e a Medida Provisória (MP) n. 808, de 14 de novembro de 2017 (Brasil 2017c), fizeram importantes alterações nesse artigo, com vistas a retratar realidade salarial da modernidade:

> Art. 457. [...]
>
> [...]
>
> § 1º Integram o salário a importância fixa estipulada, as gratificações legais e de função e as comissões pagas pelo empregador. (Redação dada pela MP n. 808/2017)
>
> § 2º As importâncias, ainda que habituais, pagas a título de ajuda de custo, limitadas a cinquenta por cento da remuneração mensal, o auxílio-alimentação, vedado o seu pagamento em dinheiro, as diárias para viagem e os prêmios não integram a remuneração do empregado, não se incorporam ao contrato de trabalho e não constituem base de incidência de encargo trabalhista e previdenciário. (Redação dada pela MP n. 808/2017)
>
> [...]
>
> § 4º Consideram-se prêmios as liberalidades concedidas pelo empregador em forma de bens, serviços ou valor em dinheiro a empregado ou a grupo de empregados, em razão de desempenho superior ao ordinariamente esperado no exercício de suas atividades. (Redação dada pela Lei n. 13.467/2017)

Assim, a nova redação dispõe o que efetivamente comporá o salário, ficando excluídas, mesmo que habituais, as verbas pagas a título de ajuda de custo e auxílio-alimentação – verbas estas que não poderão ser pagas em dinheiro.

A MP n. 808/2017 estabeleceu que as ajudas de custo não serão consideradas salário, desde que não exceda a 50% da remuneração mensal. Também foram excluídas as diárias para viagem, prêmios e abonos. Dessa forma, uma vez que essas verbas não são consideradas salário, não sofrerão as incidências trabalhistas para fins de compor médias, por exemplo, para férias e 13º salário.

A Figura 5.1 apresenta os três principais componentes da remuneração.

Figura 5.1 – Componentes da remuneração

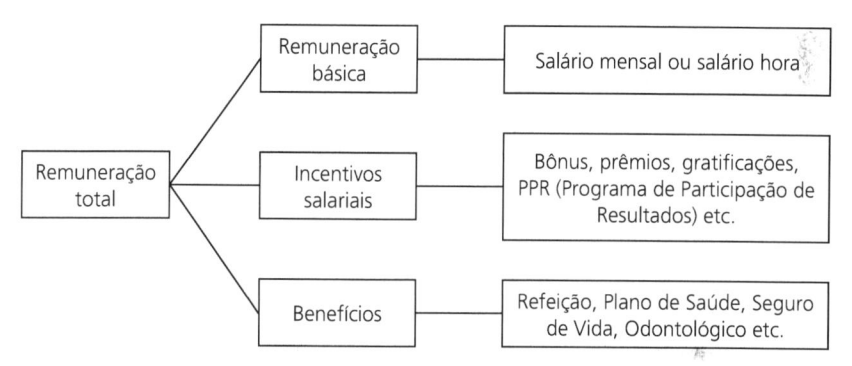

```
                            ┌─ Remuneração básica ─── Salário mensal ou salário hora
                            │
Remuneração total ──────────┼─ Incentivos salariais ── Bônus, prêmios, gratificações,
                            │                          PPR (Programa de Participação de
                            │                          Resultados) etc.
                            │
                            └─ Benefícios ─────────── Refeição, Plano de Saúde, Seguro
                                                      de Vida, Odontológico etc.
```

Analisando a figura, podemos observar que a remuneração abarca o salário, que se trata de uma exigência legal. Os incentivos salariais e os benefícios são regulados por leis esparsas e definidos por algumas convenções coletivas, as quais podem ou não ser obrigatórias. Contudo, deve-se atentar para os novos requisitos da Lei n. 13.467/2017, ou seja, das verbas que serão consideradas efetivamente como salário e as que sofrem as respectivas incidências trabalhistas.

O art. 463 da CLT estabelece que o salário deve ser pago em moeda corrente do país. O legislador teve o cuidado de especificar a forma que deve ser pago o salário, para evitar fosse diluído em utilidades e outros benefícios; é uma forma de garantir que o trabalhador tenha autonomia sobre o que está recebendo.

> Nas organizações, é necessário desenvolver sistemas de remuneração de forma a proporcionar a motivação e a retenção das pessoas. Este é ponto que mais interessa: a busca de estratégias para que as pessoas reconheçam que trabalham em uma empresa que tem senso de justiça.

O Great Place to Work – GPTW (em português, *Melhores empresas para se trabalhar*) faz o seguinte questionamento: "O que faz as pessoas ficarem?" Com base nos resultados dos questionários realizados nas pesquisas do GPTW, verifica-se que: "a importância da remuneração é apenas moderada, e diminui ainda mais com o avanço da idade. Portanto, o pensamento de 'eu pago bem, e meu funcionário que se contente com isso' é muito perigoso e não irá funcionar para a esmagadora maioria das pessoas" (GPTW, 2015).

Ainda na pesquisa do GPTW (2015), os indicadores de maior relevância verificados foram *oportunidades de crescimento* e *equilíbrio entre vida pessoal e profissional*, e o indicador de menor relevância foi *estabilidade no emprego*. Ou seja, o perfil dos profissionais mudou; foi-se o tempo em que ficar por anos nas empresas era um requisito essencial.

Sob esse prisma, podemos entender que são vários os fatores que fazem com que as pessoas permaneçam trabalhando em determinadas organizações. O desafio no quesito retenção de pessoas tornou-se fundamental na estratégia dos negócios, uma mudança nos paradigmas. Os colaboradores tornaram-se o centro das preocupações; as empresas precisam reter talentos e tornar o ambiente saudável e feliz.

Benefícios

Os benefícios são denominados pela legislação trabalhista como *remuneração indireta* e integram o pacote de remuneração ofertado pela empresa. São representados pelos benefícios concedidos aos profissionais de forma não pecuniária, como ocorre com a remuneração variável, objetivando contribuir para a melhoria das condições de vida do empregado e de sua família. O vale-alimentação, a assistência médica e odontológica e o seguro de vida não estão previstos na CLT, portanto não fazem parte da obrigação da empresa com seus colaboradores. Os benefícios passam a ser direitos do trabalhador quando negociados entre sindicatos e empresas.

Bohlander e Snell (2010, p. 407) ensinam que os principais objetivos da maioria dos programas de benefícios são:

- Aprimorar a satisfação do funcionário no trabalho;
- Atender aos requisitos de saúde e segurança;
- Atrair e motivar os funcionários;
- Reter funcionários com alto nível de desempenho;
- Manter uma posição competitiva favorável.

Além dos benefícios, as empresas devem se preocupar com a carreira de seus profissionais, a qual analisaremos a seguir.

5.3 Planejamento de carreira

Na Seção 5.1, discorremos a respeito da legislação no que se refere à remuneração, que está vinculada ao planejamento da carreira e será uma das bases de estratégia para que o profissional identifique a empresa com um diferencial, com um forte aliado na captação e na retenção das pessoas. Com base na pesquisa do GPTW (2015), a "oportunidade de crescimento" é um indicador de grande relevância para os profissionais, mas como as empresas vão proporcionar esse crescimento? Os profissionais precisam saber o caminho que pretendem seguir.

Essa estratégia trata-se efetivamente da trajetória de carreira na organização. Porém, não podemos perder de vista que há profissionais que gostam de realizar determinadas tarefas e não têm a pretensão de mudar de atividade ou cargo. As organizações devem respeitar esse posicionamento, já que não há espaço para todos nos diferentes níveis hierárquicos. Além disso, é possível motivar as pessoas a realizarem as tarefas de modo diferente e melhor do que fazem.

Fernandes (2013) orienta que, para entender o conceito de *carreira*, é necessário, em primeiro lugar, saber o conceito de *competência*, ou seja, o nível de complexidade que trata o desafio que um profissional é capaz de assumir à medida que se desenvolve profissionalmente. Fernandes (2003) ainda define *carreira* como uma sucessão de experiências profissionais nas quais uma pessoa transita para níveis de complexidade crescentes.

O setor de recursos humanos precisa compreender a definição de competências – a descrição de cada atividade da organização – para que possa desenhar o plano de carreira e avaliar o capital humano interno, permitindo que as pessoas se desenvolvam em conformidade com a exigência do cargo.

Cada empresa pode desenvolver um programa que atenda às suas necessidades internas e ao seu negócio, tendo como base os cargos e salários referenciais do mercado em que atua, com vistas a alcançar competitividade diante da concorrência.

O Quadro 5.1 apresenta um exemplo de quadro de carreira.

Quadro 5.1 – Exemplo de quadro de carreira

		REQUISITOS			
Grupo	Cargo/carreira	Níveis salariais	Índice de experiência	Formação acadêmica	Experiência profissional (em anos)
8	Diretores	A	6	Superior completo + MBA na área de atuação	9
		B	4		
		C	2		
7	Gerentes	A	6		8
		B	4		
		C	2		
6	Supervisores	A	6		6
		B	4		
		C	2		
5	Analista sênior	A	6	Graduação completa	4
		B	4		
		C	2		
4	Analista pleno	A	6	Graduação completa/ técnicos – formação técnica	3
		B	4		
		C	2		
3	Analista júnior	A	6	Graduação cursando/ técnicos – completo	2
		B	4		
		C	2		
2	Assistente Adm.	A	6	Graduação cursando	6 meses a 1 ano
		B	4		
		C	2		
1	Auxiliar Adm.	A	6	Ensino médio completo	0 a 1 ano
		B	4		
		C	2		

Carreira/Promoções ↑

Enquadramentos →

O quadro de carreira apresentado na Figura 5.1 conta com esses requisitos, exceto os critérios de avaliação e desempate que a empresa pode estabelecer, como o de tempo de serviço.

Antes de analisarmos a construção de um sistema de remuneração estratégica, é importante destacar a alteração disposta pela Lei n. 13.467/2017, em seu art. 461, parágrafo 2º, que estabelece que não há mais necessidade de o empregador homologar o quadro de carreira nos órgãos públicos. Porém, quando o empregador tiver interesse em organizar o plano de cargos e salários, será obrigatória a criação de norma interna ou negociação coletiva para implantar o quadro. Salienta-se que é de extrema importância a implantação desse plano, para que o empregador possa afastar futuras reclamações relativas a equiparações salariais.

5.4 A construção de um sistema de remuneração estratégica

Segundo Chiavenato (2008), *política salarial* é o conjunto de decisões organizacionais tomadas a respeito de assuntos relacionados à gestão das recompensas e remuneração dos trabalhadores e deve seguir os seguintes critérios: ser adequada ao contexto; equitativa; balanceada; segura; incentivadora; aceita por todos; e eficiente no custo.

Ao analisarmos o exemplo de quadro de carreira, percebemos que o foco central do sistema de remuneração é sua construção, ouvindo todos os envolvidos. Apesar dos diversos modelos existentes, não há fórmula pronta e nem o gestor de recursos humanos pode implantar o sistema sem a participação dos gestores e colaboradores. Seria mais fácil implantar o sistema sem essa consulta, porém o setor de recursos humanos, com a experiência adquirida na organização e a observação do comportamento da cultura da empresa, pode levar a proposta para ser discutida com os diferentes setores da organização.

Nos estudos de Wood Junior e Picarelli Filho (2004), os autores sugerem os seguintes passos para a construção de um sistema de remuneração estratégica:

1. Onde estamos? – É o diagnóstico da empresa, que deve ser realizado de forma estruturada e de simples operacionalização.
    a. Estratégia – Identificar as características principais da empresa nos três níveis de formulação estratégica: corporação, negócio e função.
    b. Estilo gerencial – Compreender os elementos da cultura organizacional: como se ocorrem os processos decisórios, a relação líder-liderado e a resistência ou apoio a mudanças.
    c. Estrutura – Identificar os modelos existentes na organização.
2. Aonde queremos chegar? – Para responder a essa questão, a empresa deve responder às perguntas a seguir, sendo um bom momento para refletir e reavaliar os processos internos:
    a. Para onde levarão as diretrizes estratégicas?
    b. Quais são os condicionantes e fatores críticos de sucesso para a realização da visão de futuro?
    c. Quais são as características do estilo gerencial que permanecem e quais devem mudar?
    d. Como a empresa vê a evolução de sua estrutura organizacional?
3. Definição do modelo conceitual de remuneração, que se desdobrará nas seguintes etapas:
    a. Após as etapas 1 e 2, a empresa está diante do retrato das características essenciais da organização.
    b. Com essas características, é possível identificar os elementos essenciais que o sistema deve conter.

c. Com os elementos essenciais definidos, é possível definir as características do sistema.
d. Com as características definidas, parte-se para a criação do modelo a ser adotado.
4. Construção do sistema de remuneração – Nessa etapa, é realizado o teste de consistência entre o modelo ideal de remuneração, definido no passo anterior, e as características da organização. Isso ocorre por meio de possíveis incoerências e da adaptação do sistema. As questões aqui utilizadas são as mesmas utilizadas no primeiro passo.
5. Implantação – A partir da implantação, intensifica-se a mudança organizacional iniciada na primeira etapa, e essa mudança somente será possível se, desde o início do programa, forem envolvidos todos os interessados.

Selecionamos cinco etapas importantes que podem ajudá-lo na fase de implantação, conforme Wood Junior e Picarelli Filho (2004). Vejamos:

1. Planejamento – Nessa fase, os objetivos de cada etapa, subetapa e cronograma de ações devem estar bastante claros, e nenhum componente da equipe pode ter dúvidas sobre eles.
2. Preparação dos líderes – Todos os colaboradores que irão liderar o processo ou projeto devem ser devidamente preparados para operacionalizar, instruir, conduzir e apoiar equipe; lembre-se: o líder é o exemplo!
3. Treinamento dos facilitadores – Depois do líder, deve-se pensar na formação dos colaboradores que serão sinalizados como os especialistas nas mais diversas áreas da organização. Aqui, ressaltamos uma importante e muitas vezes ignorada cultura organizacional: a de replicadores. Estes são os colaborados que receberam uma formação específica para atuar onde atuam e, além de exercer a função, devem passar aos demais o que aprenderam; quando essa cultura é

ativa na empresa, nada para, nada se perde, nada atrasa, pois sempre existirá um colaborador que conhecerá os processos e procedimentos. Isso se chama *estratégia*.
4. Comunicação e sensibilização – O líder deve ter em mente que não pode cobrar ou esperar algo que não foi explicado ou ensinado. Então, ele deve comunicar, ensinar, explicar, quantas vezes forem necessárias e de todas as formas possíveis, até que a mensagem seja recebida e interiorizada pela equipe.
5. Construção de um sistema de medição para implantação – Deve ser criado um ambiente ou um mecanismo em que seja possível visualizar os objetivos dos processos ou projetos da equipe, assim como acompanhar a evolução, as conquistas e os erros durante a execução desse sistema.

Após a estruturação dos passos indicados, é necessária a garantia da evolução contínua do sistema. Os programas de remuneração estratégica são organismos vivos que devem acompanhar a evolução e as necessidades organizacionais. Wood Junior e Picarelli Filho (2004), de forma bem clara, ensinam que o segredo de um plano de carreira eficaz é aquele construído pela própria organização, olhando para dentro, e mapeando seus diferenciais.

5.5 A remuneração por competência e a gestão pública

O gestor pode adaptar o exemplo do Quadro 5.1 para utilizá-lo em remuneração por competência, inserindo as habilidades técnicas, que devem estar interligadas com o planejamento estratégico. Da mesma forma, na esfera pública, é possível implementar a mesma estratégia, devendo ser feito o mapeamento das competências necessárias para cada cargo e com foco no planejamento estratégico.

No serviço público, destacamos que um dos indicadores para progressão salarial é o tempo de serviço, que não é um diferencial atrelado ao planejamento estratégico; seria o mesmo que dizer que as pessoas devem ficar tantos anos em uma organização sem eficiência. A exceção ocorre se esse tempo de serviço contribuir de alguma forma para o desempenho público ou privado e estiver em consonância com o planejamento estratégico.

Oliveira (2014, p. 194) orienta que o funcionário público deve "elaborar o seu plano de carreira". Essa indicação é válida para qualquer colaborador, pois, da mesma forma que as empresas fazem seu planejamento, ele também deve se preocupar em fazê-lo. Oliveira (2014) ainda aponta três condições para essa elaboração:

1. mapeamento dos objetivos que a pessoa pretende alcançar durante a trajetória profissional;
2. conhecimentos, habilidades e atitudes (CHA);
3. estratégias para estabelecer ações que tenham como objetivo alcançar os resultados estabelecidos e planejados para a carreira profissional.

O Governo Federal, por meio Decreto n. 5.707, de 23 de fevereiro de 2006 (Brasil, 2006a), instituiu a Política e Diretrizes para o Desenvolvimento de Pessoal na Administração Pública federal direta, autárquica e fundacional, bem como regulamentou dispositivos da Lei n. 8.112/1990.

Essa política, em seu art. 1º, traça os objetivos que se espera alcançar com o desenvolvimento do quadro de servidores públicos, a saber:

> Art. 1º Fica instituída a Política Nacional de Desenvolvimento de Pessoal, a ser implementada pelos órgãos e entidades da administração pública federal direta, autárquica e fundacional, com as seguintes finalidades:
> I – melhoria da eficiência, eficácia e qualidade dos serviços públicos prestados ao cidadão;

> II – desenvolvimento permanente do servidor público;
> III – adequação das competências requeridas dos servidores aos objetivos das instituições, tendo como referência o plano plurianual;
> IV – divulgação e gerenciamento das ações de capacitação; e
> V – racionalização e efetividade dos gastos com capacitação. (Brasil, 2006a)

O art. 2º esclarece o entendimento sobre:

> Art. 2º [...]
> I – capacitação: processo permanente e deliberado de aprendizagem, com o propósito de contribuir para o desenvolvimento de competências institucionais por meio do desenvolvimento de competências individuais;
> II – gestão por competência: gestão da capacitação orientada para o desenvolvimento do conjunto de conhecimentos, habilidades e atitudes necessárias ao desempenho das funções dos servidores, visando ao alcance dos objetivos da instituição; e
> III – eventos de capacitação: cursos presenciais e à distância, aprendizagem em serviço, grupos formais de estudos, intercâmbios, estágios, seminários e congressos, que contribuam para o desenvolvimento do servidor e que atendam aos interesses da administração pública federal direta, autárquica e fundacional. (Brasil, 2006a)

O art. 4º estabelece as "Escolas de Governo", que terão como objetivo identificar as necessidades de capacitação. Já o art. 5º apresenta os instrumentos necessários para que se alcançar os objetivos estabelecidos:

> Art. 5º [...]
>
> I – Plano anual de capacitação;
>
> II – Relatório de execução do plano anual de capacitação; e
>
> III – Sistema de gestão por competência.
>
> §1º Caberá à Secretaria de Gestão do Ministério do Planejamento, Orçamento e Gestão desenvolver e implementar o sistema de gestão por competência;
>
> §2º Compete ao Ministro de Estado do Planejamento, Orçamento e Gestão disciplinar os instrumentos da Política Nacional de Desenvolvimento de Pessoal. (Brasil, 2006a)

Conforme legislação, percebemos a preocupação do governo federal em capacitar os servidores públicos, bem como estabelecer gestão por competências, tendo como premissa o CHA, que são fatores utilizados na gestão privada.

Trata-se de um grande avanço na esfera administrativa federal e um modelo a ser seguido pelos demais órgãos públicos estaduais e municipais.

Para saber mais

> O manual do eSocial traz orientações para os cidadãos e as organizações em relação às informações dos trabalhadores nas plataformas informatizadas do Governo Federal. Conheça mais também sobre o *Great Place to Work*, projeto do qual qualquer empresa, independentemente do tamanho, pode participar, seguindo as orientações desse instituto.

BRASIL. eSocial. **Manual do eSocial e Resolução do Comitê Gestor são publicadas.** Disponível em: <https://portal.esocial.gov.br/noticias/manual-do-esocial-e-resolucao-do-comite-gestor-sao-publicadas >. Acesso em: 10 out. 2016.

GREAT PLACE TO WORK. Disponível em: <http://www.greatplacetowork.com.br>. Acesso em: 10 out. 2016.

Síntese

Neste capítulo, ressaltamos a importância da implantação do planejamento estratégico organizacional, bem como suas competências, tendo em vista que ele é o pilar principal para a sustentação das demais áreas administrativas. Na gestão de pessoas, a definição de políticas salariais e de planejamento de carreira requer um plano de desenvolvimento.

A história, como contada por Mozart (1988), deixa claro que não havia preocupação com salários, cargos, benefícios ou isonomia. Somente a partir do século XX que se instituiu o salário mínimo no Brasil e as demais regulações no que concerne às remunerações.

A CLT trouxe uma série de regulamentações, principalmente em relação à isonomia salarial e à definição de remuneração.

A pesquisa do GPTW (2015) mostra que os trabalhadores indicam como fatores importantes no trabalho a oportunidade e o crescimento, e não somente a remuneração. Assim, esses itens estão vinculados aos programas de carreira e de desenvolvimento.

Diante desse cenário, tanto as empresas públicas quanto as privadas estão desenvolvendo programas para que possam atender às expectativas das pessoas e das próprias organizações. Com isso, quem ganha é a sociedade em geral, que pode ter à sua disposição produtos e atendimentos de qualidade.

Questões para revisão

1. Em relação ao salário mínimo, assinale a afirmativa correta:
   a. Pode ser estabelecido diretamente pelas empresas.
   b. Pode ser estabelecido diretamente pelos sindicatos.
   c. É estabelecido em consonância com os ditames do art. 76 da CLT.
   d. Pode haver distinções de sexo e de idade para a fixação do salário mínimo.

2. Relacione os conceitos às suas parcelas integrantes e assinale a alternativa que apresenta a sequência correta:
   (1) Salário
   (2) PPR, bônus, comissão etc.
   (3) Assistência médica, vale-refeição etc.
   (4) Remuneração, incentivos salariais e benefícios
   ( ) Remuneração total
   ( ) Remuneração
   ( ) Incentivos salariais
   ( ) Benefícios
   a. 2, 3, 1, 4.
   b. 3, 2, 1, 4.
   c. 4, 1, 2, 3.
   d. 1, 3, 4, 2.

3. Como responsável pela área de remuneração da empresa em que trabalha, e seguindo as orientações de Wood Junior e Picarelli Filho (2004), indique quais são as etapas para a construção do programa de remuneração.

4. Em relação ao estudo do planejamento estratégico, assinale V para as afirmações verdadeiras e F para as falsas. Em seguida, indique a alternativa que apresenta a sequência correta:

( ) O planejamento de carreira é uma estratégia para que o profissional conceitue a empresa como diferencial em relação às demais.

( ) Planejamento de carreira significa somente aumento salarial.

( ) O planejamento estratégico proporciona caminhos para o crescimento profissional.

( ) O planejamento estratégico direciona a trajetória profissional da pessoa.

a. V, V, V, F.
b. V, F, V, F.
c. F, F, F, V.
d. V, F, V, V.

5. Analise o art. 461 da CLT, que trata da equiparação salarial e indique os requisitos que podem ensejar a equiparação salarial.

Questões para reflexão

1. Você acredita que seu salário está dentro da média de mercado?

2. Para você, o que é mais importante: oportunidade de crescimento ou salário?

3. Qual valor você acredita que deveria ser atribuído ao salário mínimo (pesquise o valor atual e faça uma análise se seria possível comprar todos os itens da cesta básica, levando em conta o número de integrantes de sua família)?

4. Você prefere ganhar um salário maior ou receber mais benefícios?

5. Você estabelece planejamento estratégico para sua vida?

capítulo seis

LI CHAOSHU/Shutterstock

Gestão do conhecimento e inovação

Conteúdos do capítulo:

+ Princípios da gestão do conhecimento.
+ Inovação e gestão.
+ Estratégias de gestão do conhecimento.

Após o estudo deste capítulo, você será capaz de:

1. compreender os princípios da gestão do conhecimento para a Administração Pública;
2. perceber a inovação como consequência de uma boa gestão;
3. identificar os modelos patrimonialista, burocrático e gerencial da Administração Pública;
4. eleger estratégias de aplicação da gestão do conhecimento na administração de pessoas na área pública.

A gestão do conhecimento começa a fazer parte do cenário administrativo brasileiro a partir de 1990 (época também do advento dos modelos gerenciais da Administração Pública), diante da crescente necessidade de intensificar a força e o potencial das organizações. Para Strauhs et al. (2012, p. 7), "aos poucos, percebeu-se que, para gerenciar o conhecimento, é preciso diferenciá-lo de outro elemento intangível importante – a informação".

Com base no mapa conceitual apresentado na Figura 6.1, percebemos que, cada vez mais, o conhecimento de valores e projetos das organizações tomam mais espaço na preocupação dos gestores, fato que impulsiona ainda mais os modelos administrativos voltados à preparação, à motivação e à agregação entre colaboradores e organizações. O conhecimento gerado pelo negócio da organização precisa ser partilhado com os colaboradores, com vistas a fortificar a equipe e direcioná-la aos objetivos comuns.

Figura 6.1 – Exemplo de mapa conceitual de gestão do conhecimento

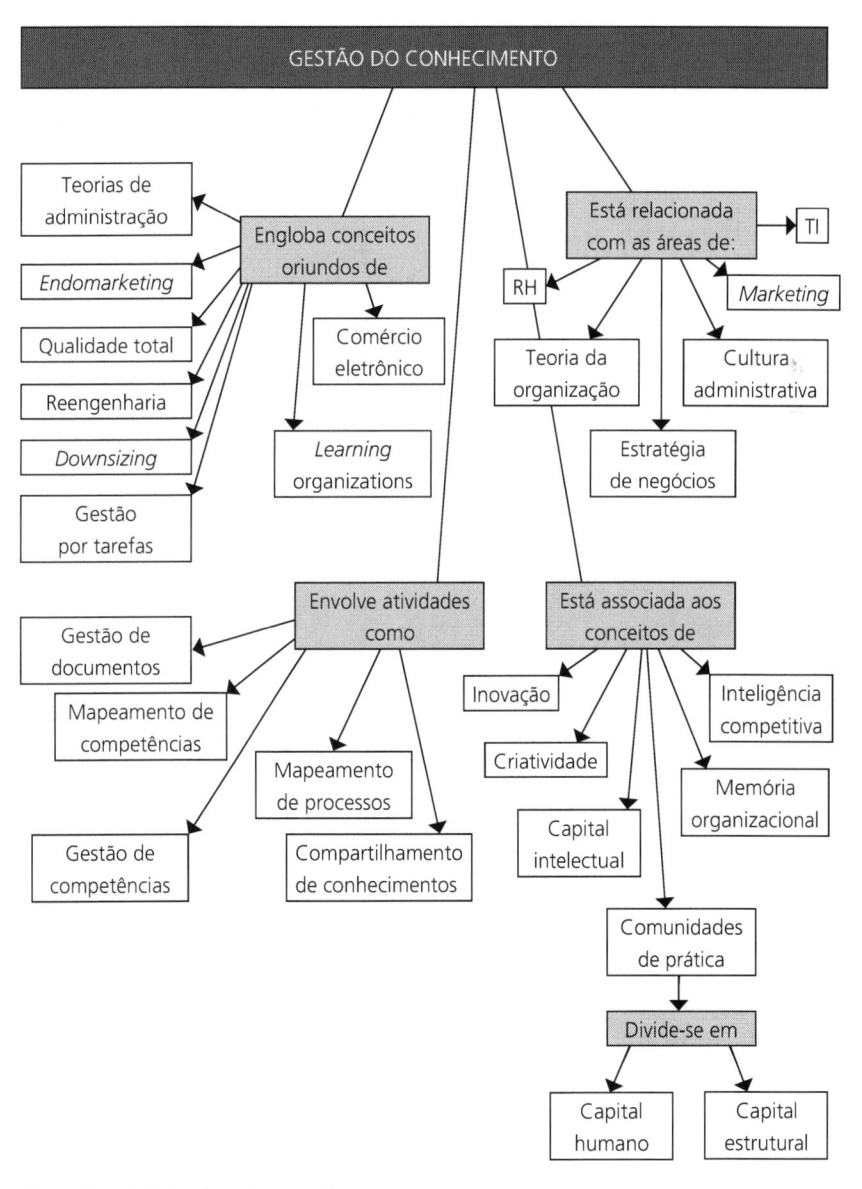

```
                        GESTÃO DO CONHECIMENTO

    Teorias de
    administração          Engloba conceitos        Está relacionada
                           oriundos de              com as áreas de:      TI
    Endomarketing                            RH
                                                                    Marketing
    Qualidade total        Comércio
                           eletrônico        Teoria da          Cultura
    Reengenharia                             organização        administrativa

    Downsizing             Learning                    Estratégia
                           organizations               de negócios
    Gestão
    por tarefas

                        Envolve atividades        Está associada aos
                        como                       conceitos de
    Gestão de
    documentos                              Inovação              Inteligência
                                                                  competitiva
    Mapeamento de
    competências                            Criatividade
                        Mapeamento                              Memória
                        de processos                            organizacional
    Gestão de                                    Capital
    competências        Compartilhamento         intelectual
                        de conhecimentos
                                                 Comunidades
                                                 de prática

                                                 Divide-se em

                                            Capital        Capital
                                            humano         estrutural
```

Fonte: Adaptado de Strauhs et al., 2012, p. 86.

Os modelos industriais de base econômica, gerados a partir do desenvolvimento industrial do país, muito influenciaram na formação administrativa de instituições privadas e refletiram nos modelos da Administração Pública. A administração de uma organização é feita a com base em seu potencial humano, logo é impossível pensar na gestão de pessoas como um setor secundário em relação aos demais setores, como o financeiro ou o logístico.

Nenhum setor que compõe uma organização é mais ou menos importante. Todos fazem parte de um conjunto e, na falha ou ausência de um deles, todo o coletivo é prejudicado. Sistemas interligados, colaboradores motivados, dirigidos e comprometidos, conhecimento de negócio e informação – esses fatores são indispensáveis para o bom andamento de uma organização, pública ou privada.

> A administração de uma organização é feita a com base em seu potencial humano, logo é impossível pensar na gestão de pessoas como um setor secundário em relação aos demais setores, como o financeiro ou o logístico.

É comum pensarmos que instituições públicas não são gerenciadas. Roberto Campos (1917-2001), economista e ex-Ministro do Planejamento do Governo Castelo Branco (1964-1967), criou a famosa frase a respeito da Administração Pública: "A diferença entre a empresa privada e a empresa pública é que aquela é controlada pelo governo e essa por ninguém" (Cunha, 2017).

Entretanto, a hierarquia administrativa acontece em toda e qualquer organização. Se nessa hierarquia há de fato chefes ou líderes, daí já é outra história, mas em toda organização existe o papel atribuído, de fato ou por direito. Reiteramos: o colaborador precisa ser informado e orientado sobre o objetivo da organização. Quando ele fica carente desse suporte, não sabe para onde ir, o que fazer ou como se comportar. O fato de ser nomeado a uma função não pressupõe que será alimentado diariamente por poderes divinos de seus objetivos ou suas metas.

Nossa sociedade hoje é alimentada com um volume cada vez maior de informações e conhecimentos. Desse modo, se tudo muda rapidamente, porque com uma função ou um cargo isso não ocorreria? E para as mudanças serem positivas ou atenderem ao que se espera delas, as pessoas precisam ser informadas, delimitadas e conduzidas, ou tudo se perde. É possível perceber a estratégia nessas ações?

Obviamente, a manutenção dos propósitos da organização estratégica é um constante caminho para inovação. Para Strauhs et al. (2012, p. 11), "informação e conhecimento são fundamentais em todas as etapas do processo de inovação". Ainda segundo os autores, "quando internalizada como estratégia empresarial, a inovação exige um novo comportamento do gestor e de seus colaboradores" (Strauhs, et al., 2012, p. 12).

Esse novo comportamento pode estar balizado por quatro estágios, conforme Strauhs et al. (2012, p. 12): "1. Obtenção da Informação; 2. Tratamento da Informação; 3. Transformação da informação em conhecimento; 4. Transformação do conhecimento em inovação."

Vejamos o Gráfico 6.1.

Gráfico 6.1 – Relação entre vantagem competitiva e capacidade de inovar

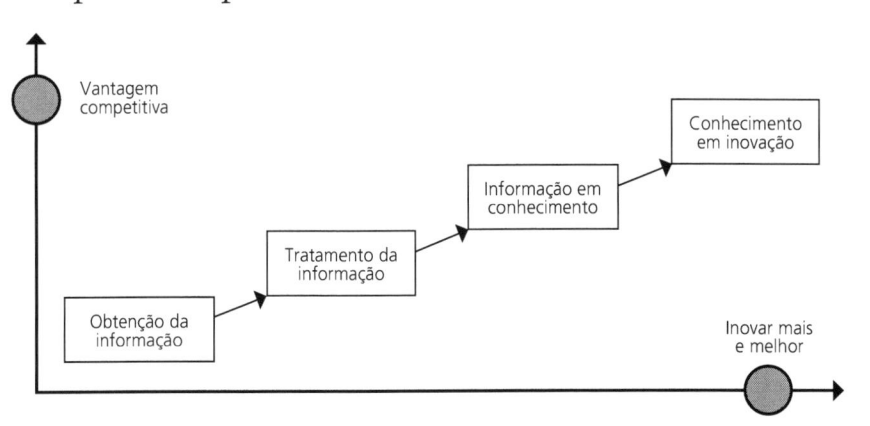

Fonte: Adaptado de Strauhs et al., 2012, p. 13.

A estrutura é bem organizada e o processo pode ser facilmente estabelecido quando a organização consegue desenvolver a cultura de compartilhar informações e conhecimentos, sendo também aberta ao investimento disseminação de novas tecnologias (Strauhs et al., 2012).

Para Strauhs et al. (2012, p. 16), "ao agregar ao conhecimento criado a experiência, o treinamento e o estudo, focando e um tema e elevando o seu nível de profundidade, chega-se a expertise, que é individual".

Analisemos a representação indicada na Figura 6.2.

Figura 6.2 – Agregando valor para transformar dados em expertise

```
                    Expertise
                                    ← Enriquecimento pela
                                      experiência, treino
                                      e estudo.
Compartilhamento
                  Conhecimento
                                    ← Transformação pelo trabalho
                                      pessoal, valores e crenças.
                                      Ação.
                   Informação
                                    ← Atribuição de significado,
                                      compreensão, relevância
                                      e propósito.
                     Dados
```

Fonte: Adaptado de Strauhs et al., 2012, p. 16.

Constantemente, é preciso retomarmos os fundamentos históricos que constituíram os modelos administrativos, os quais influenciaram direta e indiretamente os modelos de Administração Pública e suas formas de gerenciar pessoas. Isso porque precisamos entender a origem e as tendências dos modelos que praticamos hoje e, principalmente, para que possamos, com base nessas análises, "desenhar" nossos cenários futuros. Esse procedimento não é esquecido quando nos referimos à construção do conhecimento. Observemos, no Quadro 6.1, como Strauhs et al. (2012) representaram a retrospectiva histórica da sociedade do conhecimento.

Quadro 6.1 – *Evolução dos modelos organizacionais até a gestão do conhecimento*

Período	Mercado	Tipo ideal de negócio	Modelos organizacionais
Até 1960	♦ Disponibilidade ♦ Mercado de vendedores	♦ Eficiente (quantidade)	♦ Administração científica (1920) ♦ Relações humanas (1940)
Década de 1960	♦ Preço	♦ Eficaz (redução de custo)	♦ Análise estrutural
Década de 1970	♦ Preço e qualidade ♦ Mercado de compradores	♦ Efetivo (qualidade – fazer certo na primeira vez)	♦ Gestão da qualidade
Década de 1980	♦ Preço, qualidade e escolha	♦ Flexível (com habilidade para rápidas mudanças)	♦ Gestão da TI
Década de 1990 até os dias atuais	♦ Preço, qualidade e singularidade	♦ Inovador	♦ Gestão do conhecimento

Fonte: Adaptado de Strauhs et al., 2012, p. 21.

Ressaltamos que a gestão do conhecimento está diretamente ligada ao reconhecimento e à difusão da informação na organização. Segundo Davenport (1996), a gestão da informação está dividida em quatro atos:

1. determinar as exigências de informação;
2. coletar as informações;
3. distribuir as informações;
4. utilizar as informações.

Para Fong (2003), quanto mais interdisciplinar for o grupo de trabalho, melhor e mais produtivo pode se tornar. A Figura 6.3 apresenta a importância do compartilhamento das informações para o crescimento das equipes.

Figura 6.3 – Criação do conhecimento no âmbito multidisciplinar

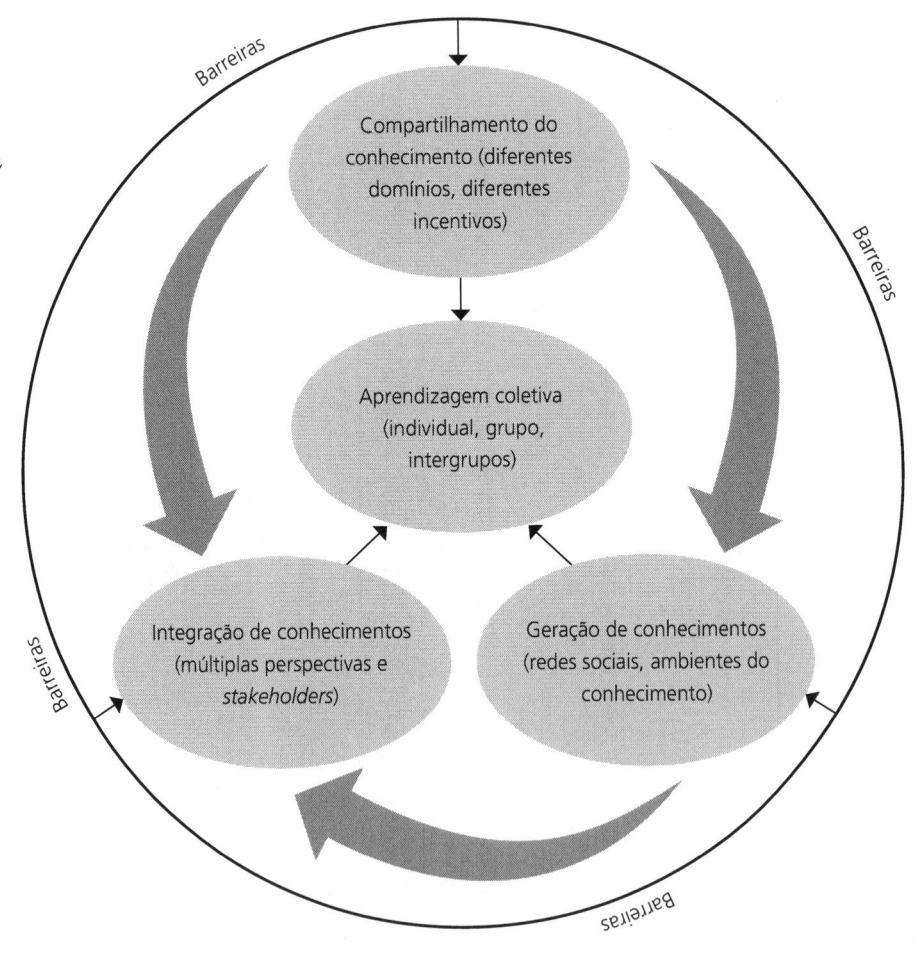

(Barreiras)

- Compartilhamento do conhecimento (diferentes domínios, diferentes incentivos)
- Aprendizagem coletiva (individual, grupo, intergrupos)
- Integração de conhecimentos (múltiplas perspectivas e *stakeholders*)
- Geração de conhecimentos (redes sociais, ambientes do conhecimento)

Fonte: Adaptado de Strauhs et al., 2012, p. 42.

Quanto mais diversificadas forem as pessoas em relação à formação, à cultura, às experiências e às perspectivas, maiores serão as oportunidades do aprendizado contínuo para o grupo.

A interdisciplinaridade impulsiona para um ambiente colaborativo, e esse potencial é propício também ao serviço público.

> *Para refletir*
>
> A importância da gestão do conhecimento na educação corporativa
>
> As práticas tradicionais de educação corporativa têm encontrado cada vez mais limitações em um contexto de intensas mudanças no mercado e novos hábitos profissionais. Mas a abordagem de **gestão do conhecimento** junto à educação corporativa pode promover um aumento na geração de valor, como será explicado neste artigo.
>
> O primeiro passo é enxergar que a empresa não é a única "dona" do conhecimento. É necessário identificar potenciais também em seus colaboradores, incentivando a busca por cada vez mais inovação e novos conteúdos.
>
> A necessidade por implementar a educação corporativa nas empresas é cada vez maior. Os colaboradores precisam reciclar seus conhecimentos para otimizar seu tempo gasto em tarefas habituais.
>
> Nem todos sabem, mas utilizando a gestão do conhecimento a empresa pode diminuir os gastos em produtos e investir em capital intelectual, o que, geralmente, tem um melhor custo-benefício. [...]

Fonte: Espíndola, 2016, grifo do original.

Para saber mais

Sobre a gestão do conhecimento e a sua influência na sociedade moderna, indicamos os textos a seguir.

O texto da SBGC traz o *case* de dois estudiosos de gestão do conhecimento e competências, reforçando a importância das experiências vivenciadas pelos indivíduos para o conhecimento. Na segunda indicação de leitura, Terra destaca as ferramentas da web 2.0 e como elas auxiliam na gestão da informação. Luchesi, por sua vez, reflete sobre o conhecimento existente nas organizações, oriundo da observação dos colaboradores de seu desenvolvimento e da execução de suas atividades.

SBGC – Sociedade Brasileira de Gestão do Conhecimento. Disponível em: <http://www.sbgc.org.br>. Acesso em: 27 out. 2016.

TERRA, J. C. **Gestão 2.0**: como integrar a colaboração e a participação em massa para o sucesso nos negócios. Rio de Janeiro: Elsevier, 2009.

LUCHESI, E. S. F. **Gestão do conhecimento nas organizações.** Disponível em: <http://www.cetsp.com.br/media/117897/nota%20tecnica%20221.pdf>. Acesso em: 27 out. 2017.

Síntese

Neste capítulo, constatamos que, a partir de 1990, com o aparecimento dos novos modelos gerenciais da Administração Pública, surgiu a *gestão do conhecimento*, a qual recebeu essa denominação em razão do volume de informações e conhecimentos que a sociedade passou a ter fácil acesso e de forma cada vez mais rápida.

Assim, percebemos a relevância da gestão do conhecimento no cenário organizacional. Para executar essa gestão, é necessário distinguir informação e conhecimento, isto é, as empresas precisam desenvolver estruturas bem organizadas e oportunizar, principalmente, o compartilhamento da cultura e do conhecimento adquirido por meio das informações disponibilizadas.

Destacamos, ainda, que a diversidade entre as pessoas possibilita diferentes cenários, desafios e aprendizados.

Questões para revisão

1. Com base na gestão do conhecimento, o conteúdo de valores e projetos das organizações passaram a ocupar mais espaço nas prioridades dos gestores, o que impulsionou os modelos administrativos voltados à preparação, à motivação e à agregação entre colaboradores e organizações. Diante disso, defina a positividade da gestão do conhecimento nas organizações.

2. A formação administrativa dos modelos industriais de base econômica brasileira influenciou diretamente na organização e no gerenciamento da gestão de pessoas. É aceitável pensar no setor de pessoas como um setor secundário nas organizações? Justifique sua resposta.

3. Para Strauhs et al. (2012, p. 11 e 12), "informação e conhecimento são fundamentais em todas as etapas do processo de inovação", e "quando internalizada como estratégia empresarial, a inovação exige um novo comportamento do gestor e de seus colaboradores". Esse novo comportamento pode estar balizado por quatro estágios. São eles:
    a. Obtenção da informação, tratamento da informação, transformação da informação em conhecimento e transformação do conhecimento em inovação.
    b. Gestão da inovação, gestão do conhecimento, motivação e gestão da informação.
    c. Obtenção da informação, gestão da inovação, transformação e conhecimento.
    d. Transformação da inovação, conhecimento, gestão de inovação e tratamento.

4. A gestão do conhecimento está diretamente ligada ao reconhecimento e à difusão da informação na organização. De acordo com o entendimento de Davenport (1996), a gestão da informação está estrategicamente dividida em quatro atos. Sobre esse assunto, assinale V para as alternativas verdadeiras e F para as alternativas falsas. Em seguida, marque a alternativa que corresponde à sequência correta:
   ( ) Determinar as exigências de informação
   ( ) Coletar as informações
   ( ) Distribuir as Informações
   ( ) Utilizar as informações
   a. V, F, V, V.
   b. V, F, F, V.
   c. F, V, V, V.
   d. V, V, V, V.

5. Complete as lacunas a seguir e assinale a alternativa que apresenta a sequência correta:
   Quanto mais _____ forem as pessoas em relação _____, cultura, experiências e perspectivas, maiores serão as oportunidades do _____ contínuo para o(a) _____.
   a. diversificada; ao grupo; da formação; o aprendizado.
   b. diversificada; ao aprendizado; do grupo; a formação
   c. diversificada; ao formação; do aprendizado; o grupo.
   d. diversificada, ao grupo; do aprendizado; a formação.

Questões para reflexão

1. Você consegue transformar a informação em conhecimento?
2. Você consegue diferenciar conhecimento de informação?
3. Você se adapta na aprendizagem coletiva?

✦ ✦ ✦

Estudo de caso

A gestão do conhecimento na Embraer

[...]

Foco na gestão do conhecimento

A Embraer possui processos em duas linhas de atuação: práticas estimuladas e práticas gerenciadas. "Se trabalharmos somente os processos, não conseguimos evoluir com a questão do conhecimento. É preciso trabalhar as pessoas junto com os processos", disse José Eduardo, engenheiro de desenvolvimento do produto.

Nas práticas estimuladas, não há a obrigatoriedade, ou seja, a pessoa participa porque vê utilidade. "Começamos a trabalhar nessa vertente – práticas estimuladas – com áreas temáticas de conhecimento, como foco na geração e disseminação do conhecimento e no aprendizado", conta José Eduardo. [...]

Já as práticas gerenciadas possuem atividades com início e fim definidos, além de terem foco na aplicação e no registro do conhecimento, ou seja, na incorporação do conhecimento. "As práticas gerenciadas são metas que possuem começo, meio e fim e definem aonde queremos chegar", explica José Eduardo.

Fonte: FNQ, 2014.

Com base no excerto ora transcrito, que apresenta o case da Embraer, podemos constatar que a empresa implantou práticas estimuladas e práticas gerenciadas. Esse é um ótimo exemplo para aprofundarmos nossos conhecimentos sobre a adoção de uma linha de atuação desse tipo em uma empresa, seja pública, seja privada, e refletirmos: De que forma seria possível desenvolvê-la? Quais as eventuais emoções que poderiam ser despertadas nos colaboradores com sua implantação? Diante da não obrigatoriedade, como motivar os colaboradores a participarem? De que forma identificar se os colaboradores estão satisfeitos ou não com esse tipo de programa?

Essas e outras questões podem ser aplicadas em inúmeras estratégias de gestão de pessoas. Por isso, pensar em possibilidades inovadoras nessa área e colocá-las em prática são ações essenciais para o sucesso de qualquer organização.

✦ ✦ ✦

✦ ✦ ✦

Para concluir...

A construção desta obra foi extremamente prazerosa. Exigindo que trafegássemos entre a gestão pública e a gestão privada, percebemos esses dois mundos, diferentes no que diz respeito aos ordenamentos que os regem, mas muito semelhantes em outros aspectos.

Porém, pessoas são pessoas, independentemente de regimentos organizacionais ou das questões burocráticas que as permeiam. Em suma, os objetivos organizacionais tanto da esfera pública quanto da esfera privada seguem as mesmas premissas e, com certeza, serão necessárias as mesmas ferramentas e técnicas administrativas.

Os princípios da Administração Pública podem perfeitamente ser praticados na gestão privada (legalidade, impessoalidade, moralidade, publicidade e eficiência), o que demonstra que é possível aproveitar o que cada tipo de administração tem de melhor para a aplicabilidade no dia a dia.

Com a leitura deste livro, é possível perceber que, teoricamente, há um ordenamento organizacional extremamente detalhado, perfeito e organizado na Administração Pública.

Dessa forma, está mais do que na hora de abandonarmos a frase do ex-Ministro do Planejamento Roberto Campos (1917-2001): "A diferença entre a empresa privada e a empresa pública é que aquela é controlada pelo governo e essa por ninguém" (Cunha, 2017) e repensarmos a realidade.

Esperamos que esta obra tenha contribuído para despertar nos gestores o desejo de construir ambientes saudáveis, harmoniosos e felizes, porque somente dessa forma será possível ter e manter profissionais competentes, criativos e inovadores.

Referências

ABRANTES, T. 7 tendências e habilidades profissionais para os próximos 5 anos. **Exame**, Carreira, 13 dez. 2010. Disponível em: <http://exame.abril.com.br/carreira/noticias/7-habilidades-e-posturas-profissionais-para-os-proximos-5-anos>. Acesso em: 10 out. 2017.

ABREU, O. T. de. **As relações de trabalho no Brasil a partir de 1824.** São Paulo: LTr, 2005.

ASSIS, J. C. M. de. **A qualidade do atendimento na administração pública municipal.** Monografia – Instituto Avançado de Pesquisas Educacionais, Faculdade de Educação da Serra, Porto Alegre, 2009.

BARACHO, A. A. T. **A estabilidade é garantia do empregado público ou este poderá ser demitido sem qualquer fundamentação, mesmo quando tenha ingressado na Administração Pública por meio de concurso?** LFG, 24 maio 2010. Disponível em: <http://ww3.lfg.com.br/public_html/article.php?story=20100524134727463>. Acesso em: 10 out. 2017.

BEER, M. **História do socialismo e das lutas sociais.** Tradução de Horacio Mello. Rio de Janeiro: Editorial Calvino, 1944. Disponível em: <https://www.marxists.org/portugues/beer/ano/historia/index.htm>. Acesso em: 10 out. 2017.

BOHLANDER, G.; SNELL, S. **Administração de recursos humanos.** Tradução de Maria Lúcia G. Leite Rosa e Solange Aparecida Visconti. Boston: Cengage Learning, 2010.

BOTO, M. E. de M. Grupos e equipes de trabalho nas organizações. **Psicologado**, fev. 2014. Disponível em: <https://psicologado.com/atuacao/psicologia-organizacional/grupos-e-equipes-de-trabalho-nas-organizacoes>. Acesso em: 10 out. 2017.

BRANDÃO, H. P.; GUIMARÃES, T. de A. Gestão de competências e gestão de desempenho: tecnologias distintas ou instrumentos de um mesmo construto? **RAE**, São Paulo, v. 41, n. 1, p. 8-15, jan./mar. 2001. Disponível em: <http://www.scielo.br/pdf/rae/v41n1/v41n1a02>. Acesso em: 10 out. 2017.

BRASIL. Constituição (1988). **Diário Oficial da União**, Brasília, DF, 5 out. 1988. Disponível em: <http://www.planalto.gov.br/ccivil_03/Constituicao/Constituicao.htm>. Acesso em: 10 out. 2017.

_____. Decreto n. 5.707, de 23 de fevereiro de 2006. **Diário Oficial da União**, Brasília, DF, 24 fev. 2006a. Disponível em: <http://www.planalto.gov.br/ccivil_03/_Ato2004-2006/2006/Decreto/D5707.htm>. Acesso em: 10 out. 2017.

_____. Decreto-Lei n. 1.713, de 28 de outubro de 1939. **Diário Oficial da União**, Poder Executivo, Rio de Janeiro, 31 dez. 1939. Disponível em: <http://www.planalto.gov.br/ccivil_03/decreto-lei/1937-1946/Del1713.htm>. Acesso em: 10 out. 2017.

_____. Decreto-Lei n. 5.452, de 1º de maio de 1943. **Diário Oficial da União**, Poder Executivo, Brasília, DF, 9 ago. 1943. Disponível em: <http://www.planalto.gov.br/ccivil_03/decreto-lei/Del5452.htm>. Acesso em: 10 out. 2017.

BRASIL. Governo Federal. **Conheça o novo portal do eSocial**. Brasília, 5 abr. 2017a. Disponível em: <https://portal.esocial.gov.br/noticias/conheca-o-novo-portal-do-esocial>. Acesso em: 10 out. 2017.

BRASIL. Lei de 13 de setembro de 1830. **Coleção de Leis do Império do Brasil**, Rio de Janeiro, 24 set. 1830. Disponível em: <http://www2.camara.leg.br/legin/fed/lei_sn/1824-1899/lei-37984-13-setembro-1830-565648-publicacaooriginal-89398-pl.html>. Acesso em: 10 out. 2017.

_____. Lei n. 8.112, de 11 de dezembro de 1990. **Diário Oficial da União**, Poder Legislativo, Brasília, DF, 19 abr. 1991. Disponível em: <http://www.planalto.gov.br/ccivil_03/leis/l8112cons.htm>. Acesso em: 10 out. 2017.

_____. Lei n. 8.429, de 2 de junho de 1992. **Diário Oficial da União**, Poder Executivo, Brasília, DF, 3 jun. 1992. Disponível em: <http://www.planalto.gov.br/ccivil_03/leis/L8429.htm>. Acesso em: 10 out. 2017.

_____. Lei n. 9.962, de 22 de fevereiro de 2000. **Diário Oficial da União**, Brasília, DF, 23 fev. 2000. Disponível em: <http://www.planalto.gov.br/ccivil_03/leis/L9962.htm>. Acesso em: 10 out. 2017.

_____. Lei n. 13.467, de 13 de julho de 2017. **Diário Oficial da União**, Poder Executivo, Brasília, DF, 14 jul. 2017b. Disponível em: <http://www2.camara.leg.br/legin/fed/lei/2017/lei-13467-13-julho-2017-785204-publicacaooriginal-153369-pl.html>. Acesso em: 28 nov. 2017

BRASIL. Medida Provisória n. 808, de 14 de novembro de 2017. **Diário Oficial da União**, Poder Executivo, Brasília, DF, 14 nov. 2017c. Disponível em: <http://www.planalto.gov.br/ccivil_03/_Ato2015-2018/2017/Mpv/mpv808.htm>. Acesso em: 28 nov. 2017.

BRASIL. Ministério da Educação. Portal do Professor. **Plano de aula:** ciências – descobrindo os cinco sentidos. Disponível em: <http://portaldoprofessor.mec.gov.br/storage/materiais/0000016754.PDF>. Acesso em: 10 out. 2017d.

BRASIL. Ministério da Transparência, Fiscalização e Controladoria-Geral da União. **Agentes públicos e agentes políticos.** 2 maio 2014. Disponível em: <http://www.cgu.gov.br/sobre/perguntas-frequentes/atividade-disciplinar/agentes-publicos-e-agentes-politicos>. Acesso em: 10 out. 2017.

BRASIL. Ministério do Trabalho. Portaria n. 2, de 25 de maio de 2006. **Diário Oficial da União**, Brasília, DF, 30 maio 2006b. Disponível em: <http://www.normaslegais.com.br/legislacao/Portaria-6-srt-2006.htm>. Acesso em: 10 out. 2017.

CARVALHO, J. M. de. **Cidadania no Brasil:** o longo caminho. 3. ed. Rio de Janeiro: Civilização Brasileira, 2002.

CHIAVENATO, I. **Gerenciando pessoas:** como transformar os gerentes em gestores de pessoas. 4. ed. São Paulo: Prentice Hall, 2002.

_____. **Gestão de pessoas.** 3. ed. Rio de Janeiro: Elsevier/Campus, 2008.

CIRQUE DU SOLEIL. **Seis boas razões para fazer parte do Cirque du Soleil.** Disponível em: <https://www.cirquedusoleil.com/pt/jobs/casting/work.aspx>. Acesso em: 10 out. 2017.

COLOMBO, E. A chave da competência individual. **Administradores**, [S.l.], 16 ago. 2010. Disponível em: <http://www.administradores.com.br/artigos/carreira/a-chave-da-competencia-pessoal/47321>. Acesso em: 10 out. 2017.

CORDEIRO, T. Como vivem os esquimós? **Mundo estranho**, São Paulo, 25 set. 2012. Disponível em: <http://mundoestranho.abril.com.br/materia/como-vivem-os-esquimos>. Acesso em: 10 out. 2017.

COVEY, S. R. **Os 7 hábitos das pessoas altamente eficazes:** lições poderosas para a transformação pessoal. Rio de Janeiro: Best Seller, 2006.

CUNHA, C. **Contribuição à crise.** Blog do Ari Cunha. Brasília, 19 abr. 2017. Disponível em: <http://blogs.correiobraziliense.com.br/aricunha/contribuicao-a-crise>. Acesso em: 10 out. 2017.

DAVENPORT, T. H. Knowledge Roles: the CKO and Beyond. **CIO**, Apr. 1996.

DE PLÁCIDO E SILVA, O. J. **Vocabulário jurídico.** 11. ed. Rio de Janeiro: Forense, 1989. v. 11.

DINIZ, S. **O que seu colaborador espera da empresa?** 6 abr. 2009. Disponível em: <http://www2.rj.sebrae.com.br/boletim/o-que-o-seu-colaborador-espera-da-empresa>. Acesso em: 10 out. 2017.

DIREITO NET. **Dicionário jurídico:** competência – novo CPC (Lei n. 13.105/15). Sorocaba, 27 maio 2016. Disponível em: <http://www.direitonet.com.br/dicionario/exibir/1027/Competencia>. Acesso em: 10 out. 2017.

DURAND, T. L'alchimie de la compétence. **Revue Française de Gestion**, n. 127, p. 261-292, janv./févr. 2000. Disponível em: <http://www.cairn.info/revue-francaise-de-gestion-2006-1-page-261.htm>. Acesso em: 10 out. 2017.

DYE, Thomas. R. Mapeamento dos modelos de análise de políticas públicas. In: HEIDEMANN, Francisco G.; SALM, José Francisco (Org.). **Políticas públicas e desenvolvimento**. 3. ed. Brasília: Editora Universidade de Brasília, 2014. p. 112.

DYER, W. W. **Seus pontos fracos**. 15. ed. Rio de Janeiro: Círculo do Livro, 1976.

EMBRATEL. **A conectividade das empresas brasileiras**. Disponível em: <http://portal.embratel.com.br/embratel/conectividade-empresas-brasileiras/metodologia>. Acesso em: 10 out. 2015.

ESPÍNDOLA, R. **A importância da gestão do conhecimento na educação corporativa**. Edools, 15 jul. 2016. Disponível em: <http://www.edools.com/gestao-do-conhecimento>. Acesso em: 10 out. 2017.

FALCONI, V. **O verdadeiro poder**. 2. ed. Nova Lima: INDG Tecnologia e Serviços, 2009.

FERNANDES, B. R. **Gestão estratégica de pessoas**: com foco em competências. Rio de Janeiro: Elsevier, 2013.

FERREIRA, V. C. P. et al. **Modelos de gestão**. 2. ed. Rio de Janeiro: Ed. da FGV, 2006.

FGV – Fundação Getúlio Vargas. Centro de Pesquisa e Documentação de História Contemporânea do Brasil (CPDOC). **Navegando na história**: linha do tempo. Disponível em: <http://cpdoc.fgv.br/producao/dossies/linhadotempo>. Acesso em: 10 out. 2017.

FILOSOFANDO FILOSOFIA. **Maiêutica socrática**. [S.l.], 7 maio de 2012. Disponível em: <http://filosofardofilosofia.blogspot.com.br/2012/05/maieutica-socratica.html>. Acesso em: 10 out. 2017.

FISCHER, A. L. Um resgate conceitual e histórico dos modelos de gestão de pessoas. In: FLEURY, M. T. L. (Org.). **As pessoas na organização**. São Paulo: Editora Gente, 2002. v. 1, p. 11-34.

FNQ – Fundação Nacional da Qualidade. **A gestão do conhecimento na Embraer.** São Paulo, 7 dez. 2014. Disponível em: <http://www.fnq.org.br/informe-se/artigos-e-entrevistas/cases-de-sucesso/a-gestao-do-conhecimento-na-embraer>. Acesso em: 10 out. 2017.

FONG, P. S. W. Knowledge Creation in Multidisciplinary Project Teams: an Empirical Study of the Processes and their Dynamic Interrelationships. **International Journal of Project Management**, Amsterdam, v. 21, n. 7, p. 479-486, Oct. 2003. Disponível em: <http://ira.lib.polyu.edu.hk/handle/10397/29045>. Acesso em: 10 out. 2017.

FRANÇA, F.; LEITE, G. **A comunicação como estratégia de recursos humanos**. Rio de Janeiro: Qualitymark, 2007.

FREIRE, A. **Manual do plano de negócios**. Lisboa: Tracy Internacional; Porto: Abril-Control Jornal, 1996.

FURBINO, M. Intriga! A erva daninha que destrói uma organização. **Administradores**, 29 abr. 2008. Disponível em: <http://www.administradores.com.br/artigos/marketing/intriga-a-erva-daninha-que-destroi-uma-organizacao/22590>. Acesso em: 10 out. 2017.

G1 São Paulo. **Vídeo que registrou queda do avião da Germanwings é achado, dizem jornais.** 31 mar. 2015. Disponível em: <http://g1.globo.com/mundo/noticia/2015/03/video-que-registrou-queda-do-aviao-da-germanwings-e-achado-dizem-jornais.html>. Acesso em: 10 out. 2017.

GIL, A. C. **Gestão de pessoas**: enfoque nos papéis profissionais. São Paulo: Atlas, 2012.

GODET, M. **Scenarios and Strategic Management**. London: Butterworths Scientific, 1987.

GÓES, M. C. P. de. Considerações sobre o trabalho. In: LESSA, F. de S.; SILVA, A. C. L. F. da. **História e trabalho**: entre artes & ofícios. Rio de Janeiro: Mauad X, 2009.

GPTW. **Retenção de talentos**: o que faz as pessoas ficarem? 8 abr. 2015. Disponível em: <http://www.greatplacetowork.com.br/institucional/noticias/retencao-de-talentos-o-que-faz-as-pessoas-ficarem-1.htm>. Acesso em: 10 out. 2017.

HEIDEMANN, F. G.; SALM, J. F. **Políticas públicas e desenvolvimento**: bases epistemológicas e modelos de análise. Brasília: Ed. da UnB, 2014.

HISTÓRIA DO MUNDO. **Civilização grega**: história da civilização grega. Disponível em: <http://historiadomundo.uol.com.br/grega/civilizacao-grega.htm>. Acesso em: 10 out. 2017.

HISTORIANET. **Tempos modernos.** Disponível em: <http://www.historianet.com.br/conteudo/default.aspx?codigo=181>. Acesso em: 10 out. 2017.

HOUAISS, A.; VILLAR, M. de S. **Dicionário eletrônico Houaiss da língua portuguesa.** versão 3.0. Rio de Janeiro: Instituto Antônio Houaiss; Objetiva, 2009. 1 CD-ROM.

KNAPIK, J. **Gestão de pessoas e talentos.** Curitiba: Ibpex, 2011.

LACOMBE, F. J. M. **Recursos humanos:** princípios e tendências. São Paulo: Saraiva, 2005.

LEITE, B. Feedback é o princípio, mas feedforward é o fim. **Administradores,** 21 mar. 2011. Disponível em: <http://www.administradores.com.br/artigos/negocios/feedback-e-o-principio-mas-feedforward-e-o-fim/53405>. Acesso em: 10 out. 2017.

LEME, R. **Aplicação prática de gestão de pessoas por competências.** Rio de Janeiro: Qualitymark, 2005.

LEMOS, R. B.; BERNI, R. de C. D.; PALMEIRA, E. M. Liderança na gestão pública. **Observatorio de la Economía Latinoamericana,** n. 194, 28. fev. 2014. Disponível em: <http://www.eumed.net/cursecon/ecolat/br/14/gestao-publica.html>. Acesso em: 10 out. 2017.

LIMA, M. J. de O. O processo de modernização das organizações empresariais. In: _____. **As empresas familiares da cidade de Franca:** um estudo sob a visão do serviço social. São Paulo: Editora da Unesp; São Paulo: Cultura Acadêmica, 2009. p. 20-73. Disponível em: <http://books.scielo.org/id/cbyx4/pdf/lima-9788579830372-02.pdf>. Acesso em: 10 out. 2017.

LOTZ, E. G.; GRAMMS, L. C. **Gestão de talentos.** Curitiba: Ibpex, 2012.

LUCENA, M. D. da S. **Planejamento de recursos humanos.** São Paulo: Atlas, 1995.

MACHADO, C. O que uma empresa espera de seus colaboradores? **Portal RH,** 8 jul. 2014. Disponível em: <http://www.rh.com.br/Portal/Mudanca/Artigo/9295/o-que-uma-empresa-espera-de-seus-colaboradores.html>. Acesso em: 10 out. 2017.

MALTA, C. G. T. **Evolução do direito do trabalho.** 25 fev. 2002. Disponível em: <http://www.geocities.ws/cynthiamalta/dirtrab.html>. Acesso em: 10 out. 2017.

MARISCAL, E. **O espírito do leão:** contos sobre liderança na selva dos negócios. São Paulo: Academia, 2008.

MARX, K. **Prefácio à crítica da economia política de 1859.** Londres, jan. 1859. Disponível em: <http://guy-debord.blogspot.com.br/2009/06/karl-marx-prefacio-critica-da-economia.html>. Acesso em: 10 out. 2017.

MATIAS-PEREIRA, J. **Curso de administração pública:** foco nas instituições e ações governamentais. 2. ed. São Paulo: Atlas, 2009.

MATURANA, H.; VARELA, F. **A árvore do conhecimento:** as bases biológicas do entendimento humano. Campinas: PSY II, 1995.

MEISTER, J. **Educação corporativa:** a gestão do capital intelectual através das universidades corporativas. São Paulo: Makron Books, 1999.

MENDES, E.; JUNQUEIRA, L. A. C. **Comunicação sem medo:** um guia para você falar em público com segurança e naturalidade. São Paulo: Gente, 1999.

MILIONI, B. **Dicionário de termos de recursos humanos.** São Paulo: Central de Negócios, 2003.

MIYASHITA, M. Gestão em alta performance. **RH Portal**, 2 set. 2015. Disponível em: <http://www.rhportal.com.br/artigos/rh.php?idc_cad=5zp5kqbnf>. Acesso em: 10 out. 2017.

MOLLER, C. **O lado humano da qualidade.** São Paulo: Pioneira. 1992.

NELSON, B. **1501 maneiras de premiar seus colaboradores.** Rio de Janeiro: Sextante, 2014.

NIVEN, D. **Os 100 segredos das pessoas felizes.** Rio de Janeiro: Sextante, 2001.

OLIVEIRA, D. de P. R. de. **Administração pública:** foco na otimização do modelo administrativo. São Paulo: Atlas, 2014.

PAIVA, V. P. Anos 90: as novas tarefas da educação dos adultos na América Latina. In: ENCONTRO LATINO-AMERICANO SOBRE EDUCAÇÃO DE JOVENS E ADULTOS TRABALHADORES, 1., 1993, Olinda. **Anais...** Brasília: INEP, 1994. p. 21-40. Disponível em: <http://www.dominiopublico.gov.br/download/texto/me002815.pdf>. Acesso em: 10 out. 2017.

PARSONS, T. **The System of Modern Societies.** Englewood Cliffs: Prentice-Hall, 1971.

PIRATAS do Caribe: no fim do mundo. Direção: Gore Verbinski. EUA: Buena Vista, 2007. 169 min.

PORTAL ADMINISTRAÇÃO. Maslow: a hierarquia das necessidades. 2014. Disponível em: <http://www.portal-administracao.com/2014/09/maslow-e-hierarquia-das-necessidades.html>. Acesso em: 26 out. 2017.

PORTAL GESTÃO. **Felicidade no trabalho:** maximize o seu capital psicológico para o sucesso. Porto, 18 mar. 2013. Disponível em: <https://www.portal-gestao.com/item/6999-felicidade-no-trabalho-maximize-o-seu-capital-psicol%C3%B3gico-para-0-sucesso.html>. Acesso em: 10 out. 2017.

PORTER, M. **Vantagem competitiva:** criando e sustentando um desempenho superior. 15 ed. Rio de Janeiro: Campus, 1989.

QUADROS, D.; NASSER, J. E. **Endobranding:** a qualidade do serviço interno que gera a lealdade do cliente externo. In: SUPEROESTE, 17., 2010, Cascavel. Disponível em: <http://pt.slideshare.net/apraspr/palestra-dante-quadros-e-jos-eduardo-nasser-endobranding-a-qualidade-do-servio-interno-que-gera-a-lealdade-do-cliente-externo>. Acesso em: 10 out. 2017.

REDARQUÍA. **Conversaciones sobre redarquía.** 24 fev. 2011. Disponível em: <https://redarquia.wordpress.com>. Acesso em: 10 out. 2017.

REK, M. **Modelos de Administração pública e reflexos na qualidade de gestão administrativa no Brasil.** 2 out. 2014. Disponível em: <http://www.conteudojuridico.com.br/artigo,modelos-de-administracao-publica-e-reflexos-na-qualidade-de-gestao-administrativa-no-brasil,50050.html>. Acesso em: 10 out. 2017.

RUSSOMANO, M. V. **Comentários à Consolidação das Leis do Trabalho.** 12. ed. rev. e atual. Rio de Janeiro: Forense, 1988.

SALÁRIO MÍNIMO. **A história do salário mínimo no Brasil.** 23 mar. 2009. Disponível em: <https://www.salariominimo.net/2009/03/23/a-historia-do-salario-minimo-no-brasil/>. Acesso em: 10 nov. 2017.

SANT'ANNA, D. Há antivírus para combater a fofoca? **Portal RH**, 14 set. 2009. Disponível em: <http://www.rh.com.br/Portal/Grupo_Equipe/Artigo/6208/ha-antivirus-para-combater-a-fofoca.html>. Acesso em: 10 out. 2017.

SCATENA, M. I. **Ferramentas para a moderna gestão empresarial:** teoria, implementação e prática. Curitiba: Intersaberes, 2012.

SCHERMERHORN JUNIOR, J. R.; HUNT, J. G.; OSBORN, R. N. **Fundamentos de comportamento organizacional.** Porto Alegre: Bookman, 1999.

SCHOEMAKER, P. J. H. Multiple Scenario Development: its Conceptual and Behavioral Foundation. **Strategic Management Journal**, v. 14, p. 193-213. 1993.

SCHWARTZ, P. **The Art of Long View**: Planning for the Future in an Uncertain World. New York: Doubleday, 1996.

SERRA, F.; FERREIRA, M. P. **Definições de estratégia**. Notas de aula. Disponível em: <http://globadvantage.ipleiria.pt/files/2012/08/nota-de-aula_definicoes-de-estrategia.pdf>. Acesso em: 10 out. 2017.

SHINYASHIKI, R. **Problemas? Oba!**: A revolução para você vencer no mundo dos negócios. São Paulo: Gente, 2011.

SIGNIFICADOS. **Significado de CEO**. Disponível em: <https://www.significados.com.br/ceo>. Acesso em: 10 out. 2017a.

SIGNIFICADOS. **Significado de consenso**. Disponível em: <https://www.significados.com.br/consenso>. Acesso em: 10 out. 2017b.

SIGNIFICADOS. **Significado de Know-how**. Disponível em: <https://www.significados.com.br/know-how>. Acesso em: 10 out. 2017c.

SILVA, A. M. da et al. Distinção entre departamento pessoal, recursos humanos e gestão de pessoas. In: ENCONTRO LATINO AMERICANO DE INICIAÇÃO CIENTÍFICA E ENCONTRO LATINO AMERICANO DE PÓS-GRADUAÇÃO, 15., 11., 2011, São José dos Campos. Disponível em: <http://www.inicepg.univap.br/cd/INIC_2011/anais/arquivos/0126_0072_01.pdf>. Acesso em: 10 dez. 2017.

SIMON, H. A. **Comportamento administrativo**: estudo dos processos decisórios nas organizações administrativas. 2 ed. rev. Rio de Janeiro: FGV, 1970.

SÓ HISTÓRIA. **Sistemas de governo**. Disponível em: <http://www.sohistoria.com.br/ef2/sistemasgoverno>. Acesso em: 10 out. 2017.

SOUZA, C. No futebol e na empresa: as 11 características de um time campeão. **Administradores**, 15 jul. 2010. Disponível em: <http://www.administradores.com.br/artigos/marketing/no-futebol-e-na-empresa-as-11-caracteristicas-de-um-time-campeao/46405>. Acesso em: 10 out. 2017.

SOUZA, H. P. R. T. A importância de valorizar os colaboradores no ambiente organizacional. In: CONGRESSO NACIONAL DE EXCELÊNCIA EM GESTÃO, 12., 2016, Rio de Janeiro. **Anais...** Disponível em: <http://www.inovarse.org/node/4755>. Acesso em: 10 out. 2017.

STADLER JUNIOR, L. N. **Vamos mudar**. 2. ed. São Paulo: Record, 1992.

STRAUHS, F. R. et al. **Gestão do conhecimento nas organizações**. Curitiba: Aymará, 2012.

STF – SUPREMO TRIBUNAL FEDERAL. Sistema Judiciário brasileiro: organização e competências. **Notícias STF**, 17 jan. 2011. Disponível em: <http://www.stf.jus.br/portal/cms/verNoticia Detalhe.asp?idConteudo=169462>. Acesso em: 10 out. 2017.

TOLFO, S. da R.; PICCININI, V. Sentidos e significados do trabalho: explorando conceitos, variáveis e estudos empíricos brasileiros. **Psicologia & Sociedade**, Porto Alegre, v. 19, n. 1, p. 38-46, 2007. Disponível em: <http://www.scielo.br/scielo.php?script=sci_art text&pid=S0102-71822007000400007>. Acesso em: 10 out 2017.

TZU, S. **A arte da guerra**: os treze capítulos originais. São Paulo: Jardim dos Livros, 2006.

VERAS, M. **Por que é tão difícil dar e receber feedback?** 19 set. 2012. Disponível em: <https://endeavor.org.br/por-que-e-tao-dificil-dar-e-receber-feedback>. Acesso em: 10 out. 2017.

VIEIRA, C. B. et al. Motivação na administração pública: considerações teóricas sobre a aplicabilidade dos pressupostos das teorias motivacionais na esfera pública. **ADMpg Gestão Estratégica**, Ponta Grossa, PR, v. 4, n. 1, 2011. Disponível em: <http://www.admpg.com.br/revista2011/artigos/12.pdf>. Acesso em: 10 out. 2017.

WOOD JUNIOR, T.; PICARELLI FILHO, V. **Remuneração estratégica**: a nova vantagem competitiva. 3. ed. rev. e ampl. São Paulo: Atlas, 2004.

✦ ✦ ✦

Respostas

Capítulo 1

Questões para revisão

1. Perspectiva religiosa – Segundo a religião cristã, o trabalho é a forma mais pura e simples de alcançar a remissão dos pecados; sem trabalho não seria possível conquistar o Reino dos Céus e, quanto mais pesado e sofrido fosse, maior seria a compensação celeste. Acreditava-se que o ócio é propício para o mal e o pecado e que as pessoas deveriam viver segundo o exemplo de Cristo: trabalhar e servir. Para a Igreja, é então o trabalho um caminho valioso para a salvação e a valorização da vida, fazendo-se o ser humano útil e servil em reconhecimento à obra de Deus. Ao ser útil, o ser humano se sente feliz, próspero e realizado.

    Perspectiva econômica – Para essa vertente, o trabalho é a fonte que gera recursos para a manutenção da vida e da sociedade. Ele nos aproxima da materialidade, da aquisição, da posse e do poder. Considerado uma relação de troca, em que nem sempre as duas partes se sentem satisfeitas, o trabalho caracteriza a venda da força e da capacidade do sujeito. Para Marx (1859), o trabalho pode ser representado pelo *know-how* de transformar a natureza em prol do benefício e do suprimento das vontades humanas.

    Perspectiva psicológica – Esse viés tem relação com as nossas aptidões, e o conjunto delas controla nossa individualidade, nos destaca e nos faz compor um grupo social. O bem-estar e a sensação de realização profissional agem diretamente na manutenção da autoestima e na saúde psicológica do sujeito, pois é o valor recebido em troca do trabalho prestado que torna possíveis as experiências em sociedade, a aquisição de bens e serviços e a segurança financeira.

2. c

3. Para Schoemaker (1993), *cenário* é uma seleção de probabilidades e prospecções que se desenvolvem com base em uma perspectiva em comum. Godet (1987) destaca que projetar um cenário

é muito mais do que avaliar incertezas futuras a serem exploradas. Ele afirma que, ao desenhar uma projeção e traçar uma expectativa, obtemos a representação de um futuro possível, estabelecendo-se diretrizes a serem seguidas em busca de um propósito. Para Schwartz (1996), é com base em uma projeção de cenário que podemos pensar nos rumos futuros e possíveis para determinada organização. Traçando um caminho, elegemos as ferramentas, fazemos escolhas profissionais e pessoais, focamos energia a um projeto, o presente é mantido em crescimento, o futuro torna-se menos imprevisível e estabelecemos uma relação mais segura com o meio.

4. b

5. d

Questões para reflexão

1. O Quadro 1.1 apresenta a distinção entre as três dimensões: individual, organizacional e social. Cada uma delas influencia as relações do trabalho, desde as culturas individuais até as culturas encontradas nas diferentes organizações, bem como na esfera social. Cada dimensão influencia as pessoas de modo diferenciado, pois o que "faz sentido" para alguns pode não fazer para outros, uma vez que vivemos em mundo extremamente diversificado.

2. Desde a década de 1940, a CLT tem sofrido modificações, que podem ser comprovadas com inserções, exclusões e alterações de artigos e capítulos. Como a sociedade está em constante transformação, certamente sempre haverá necessidade de reformas. A CLT conseguiu atender à classe trabalhadora na oportunidade em que foi criada, com base nas necessidades da respectiva época. Atualmente, precisa sofrer reformas em alguns itens para que possa seguir suprindo as expectativas tanto organizacional quanto dos trabalhadores.

3. Aqui, é recomendável refletir com base no cenário efetivo em que você se encontra em sua organização e se consegue trilhar seu caminho quando realiza esse reconhecimento. Aproveite e faça de forma objetiva, criando um quadro. Com certeza auxiliará nas decisões necessárias.

4. A teoria da contingência surgiu no modelo de abordagem administrativa, por volta das décadas de 1960 e 1970, concomitantemente à expansão dos modelos japoneses de produção e sistema organizacional e suas características mais orgânicas.

Capítulo 2

Questões para revisão

1. b

2. Princípio da impessoalidade. É o princípio que garante a neutralidade nas decisões, nos processos e nos julgamentos cabíveis à administração do governo. Todas as ações devem estar focadas no interesse coletivo. Um exemplo da impessoalidade é o ingresso do trabalhador na carreira pública. Para ser um servidor da Administração Pública, é preciso ser um concursado, ou seja, as contratações de trabalhadores no setor público ocorrem por meio de provas de competência, conhecimento e experiência, e nunca por indicação.

3. c.

   O colaborador precisa ser reconhecido pelo seu trabalho. O reconhecimento é o principal impulsionador da motivação. Um profissional motivado é produtivo e, quanto mais produtivo for, maior será seu rendimento no trabalho e na vida pessoal. O ser humano precisa estar em harmonia, sentir-se útil e reconhecer-se parte da organização.

4. b

5. a.
   a) agente político é detentor de cargo eletivo, eleito por mandatos transitórios; não se sujeitam ao processo administrativo disciplinar; b) agente público é aquele que presta qualquer tipo de serviço ao Estado; c) servidor público é ocupante de cargo público na administração direta, autarquias; d) empregado público ocupa cargo de provimento efetivo ou cargo em comissão, regidos pela Lei n. 9.962/2000.

Questões para reflexão

1. O modelo gerencial é uma forma de o Estado dirigir seus esforços para a conservação e o desempenho de serviços para a sociedade. É também característica desse modelo a aplicação de ferramentas administrativas usuais na administração privada, que são adaptadas aos setores públicos, principalmente em razão das metas de eficiência e qualidade nos serviços.

2. É necessário sempre refletir quando se candidata para alguma vaga, seja do setor público, seja do privado, procurando agir com ética e cidadania.

3. O uso dos direitos de cidadão de votar e participar do governo do país – fato que viabilizou a eleição de operários e a criação do Partido Trabalhista – possibilitou o diálogo em relação aos direitos sociais. Portanto, destaca-se a importância da educação popular direcionada para que as pessoas entendam como se posicionar em relação à construção e ao desenvolvimento civil e político de uma nação.

Capítulo 3

Questões para revisão

1. O *feedback* é um processo de avaliação do que já passou. O *feedforword* é um processo de desenvolvimento para o futuro. Portanto, a relação entre eles é importante para avaliar o que já passou, melhorar o presente e o futuro.

2. d

3. c

4. d

5. Necessidades fisiológicas – São primárias e vêm ao encontro do que as pessoas esperam com as atividades no campo profissional.

   Necessidades de segurança – É sair da zona de conforto diante das mudanças organizacionais.

   Necessidades sociais – É aceitação, como a dos colegas de trabalho, por exemplo.

   Autoestima – É influenciada pela posição e aceitação das pessoas nas organizações.

   Autorrealização – É quando a pessoa consegue alcançar seus objetivos organizacionais.

Questões para reflexão

1. É preciso procurar alternativas para que os profissionais possam se conscientizar e compreender que a mudança será a melhor decisão tanto para a organização quanto para a empregabilidade deles.

2. "A cada momento da sua vida, você dispõe da opção de responder "sim" a todas essas perguntas – se estiver disposto a eliminar grande parte do "condicional" que aprendeu no correr de sua vida.

A verdadeira opção consiste em decidir ser livre, em termos pessoais, ou permanecer acorrentado às expectativas alheias". (Dyer, 1976, p. 11).

3. Ser inovador é estar aberto às novas ideias, ao desenvolvimento de seu desempenho, promovendo o melhor de si a fim de satisfazer os objetivos da organização para qual presta seus serviços, objetivando aumentar sua eficiência e o valor agregado; é estar aberto às ideias de outras pessoas, dentro da organização ou fora dela; é evoluir e compreender as novas tecnologias, produtos e processos.

4. A *motivação*, como bem representa a palavra, é o movimento para a ação. Caso você não esteja motivado em sua empresa, quais ações você está buscando para se automotivar?

5. As avaliações de desempenho mais utilizadas são: 90, 180, ou 360 graus – realizadas pela coleta de dados de atitudes, atividades, produção e relacionamento.

Capítulo 4

Questões para revisão

1. A principal competência para o projeto alcançar os objetivos desejados é que os profissionais tenham conhecimento em projetos de paisagismo no hospital. Nesse caso, uma das competências é a habilidade técnica em paisagismo de ambientes hospitalares. A atitude também será bem importante, porque o profissional criativo vai querer conhecer mais a respeito do tipo de paciente, a fim de construir algo que atenda às necessidades do cliente; ou seja, não somente o olhar técnico, mas também humano.

2. *Feedback*

3. b

4. b

5. b

Questões para reflexão

1. A felicidade no trabalho é uma questão bem subjetiva e cada pessoa tem sua própria definição. Em relação aos fatores de felicidade, todos são importantes: contribuição, convicção e compromisso; cada um inter-relaciona-se com outro.

2. Nas organizações são analisados o conhecimento, as habilidades e as atitudes (CHA), sendo que o conhecimento e as habilidades são competências técnicas, e as atitudes, comportamentais. É importante que você tenha isso em mente ao responder à questão.

3. A eficiência é considerada como meio, e a eficácia, a realização do trabalho, a entrega com resultado certo.

4. Analisando a competência no campo profissional, muitas vezes conhecemos a atividade, mas ainda não temos todas as habilidades técnicas necessárias, que podem ser desenvolvidas por meio de capacitações e da rotina diária.

Capítulo 5

Questões para revisão

1. c

2. b

3. As etapas para a construção do programa de remuneração, de acordo com Wood Junior e Picarelli Filho (2004), são: definição do modelo; diagnóstico da empresa, reflexão sobre os processos internos; construção e evolução contínua.

4. d

5. Os requisitos que podem ensejar equiparação salarial descritos no art. 461 da CLT são: idêntica função; trabalho de igual valor; diferença de tempo de serviço inferior a dois anos.

Questões para reflexão

1. Você pode o consultar em *sites* de pesquisa, como o Salário BR*, para saber se seu salário está em conformidade com a média de mercado, pois esse é o padrão mais utilizado pelas empresas. Dependendo do cargo e da necessidade de atração de talentos, algumas organizações pagam acima do valor de mercado para cargos estratégicos. A pesquisa salarial leva em conta também o tempo de experiência do profissional e o porte da empresa.

✦ ✦ ✦

* SALÁRIO BR. Disponível em: <http://www.salariobr.com.br>. Acesso em: 15 nov. 2017.

2. De acordo com o GPTW (2015), o indicador "oportunidade e crescimento" alcançou índice de satisfação maior que o de "remuneração".

3. O salário mínimo em 2016 foi de R$ 880,00 e, em 2017, de R$ 937,00. De acordo com o Departamento Intersindical de Estatística e estudos Socioeconômicos (Dieese), para uma família de quatro pessoas, com alimentação, moradia, saúde, educação, vestuário, higiene, transporte, lazer e previdência, o valor do salário deveria ser de R$ 4.013,08. (Fonte: Seguro desemprego, 2017*)

4. Normalmente, as empresas oferecem, além do salário, os benefícios. Um dos que é considerado de suma importância é o plano de saúde, uma vez que, na forma corporativa, apresenta valores mais atrativos.

5. O planejamento estratégico é uma ferramenta utilizada pelas empresas para que possam fazer previsões a curto ou longo prazo – com prospecção de pelo menos cinco anos. Da mesma forma, as pessoas podem se utilizar desse método para fazer um planejamento de sua vida.

Capítulo 6

Questões para revisão

1. O conhecimento gerado pelo negócio da organização precisa ser partilhado com os colaboradores, com vistas a fortificar a equipe e direcioná-la aos objetivos comuns.

2. A administração de uma organização é feita a partir do seu potencial humano, logo, é impossível pensar na gestão de pessoas como um setor secundário aos demais setores, como por exemplo, financeiro ou logístico.

3. a

4. d

5. c

♦ ♦ ♦

* SEGURO desemprego. **Salário mínimo 2017.** Disponível em: <http://segurodesemprego2016.net/salario-minimo-2017>. Acesso em: 25 nov. 2017.

Questões para reflexão

1. O cenário da era da informação mostra que está ao alcance de todos uma quantidade imensa de informações, mas nem sempre isso se refere a conhecimento, pois uma pessoa só detém conhecimento quando entende sua aplicabilidade.

2. A diferença entre conhecimento e a informação reside no fato de que, atualmente, temos muitas informações em função da facilidade proporcionada pela tecnologia, que nos permite saber rapidamente o que ocorre no mundo todo; porém, essa informação somente se tornará conhecimento a partir do momento que entendermos sua aplicação. Um exemplo clássico é a bússola: ela contém informações, mas somente se transformarão em conhecimento se soubermos usá-la.

3. A aprendizagem coletiva é um novo desafio na atualidade, impulsionando a aprendizagem contínua. Esse modelo de aprendizado faz com que haja um compartilhamento das informações, como demonstrado na figura sobre a criação do conhecimento no âmbito multidisciplinar, o que leva à integração e à geração do conhecimento.

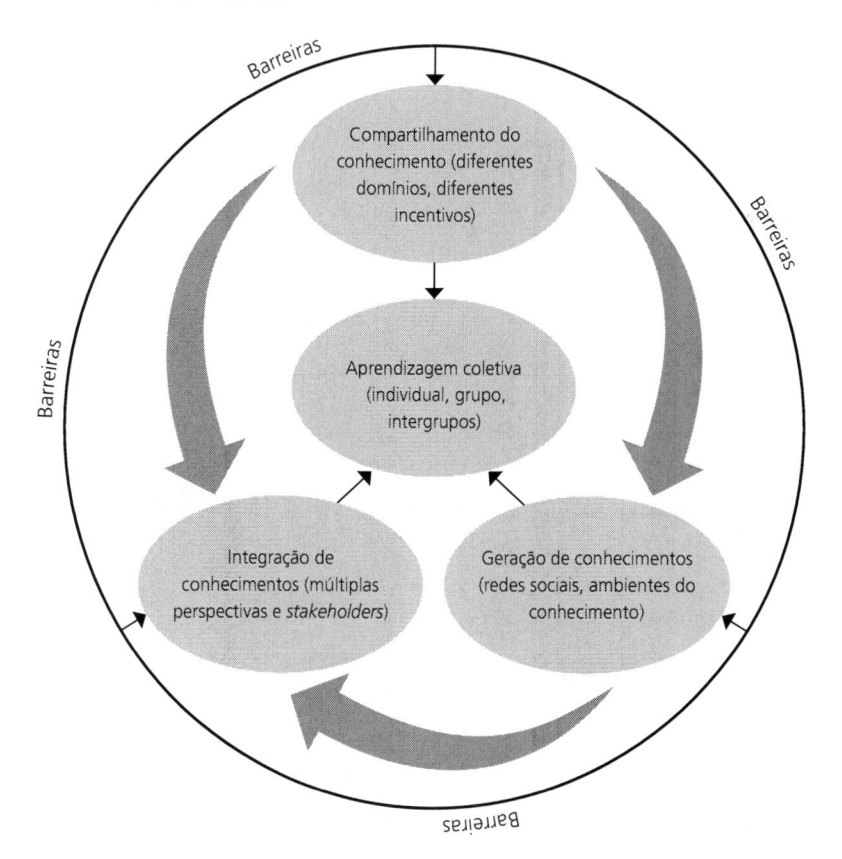

❖ ❖ ❖

Sobre as autoras

Juliane Marise Barbosa Teixeira é doutoranda em Engenharia da Produção e Sistema pela Pontifícia Universidade Católica do Paraná (PUCPR) com foco em Engenharia das Organizações, mestre em Tecnologia e Desenvolvimento do Programa de Pós-Graduação em Tecnologia (PPGTE) na Universidade Tecnológica Federal do Paraná (UTFPR), especialista em Gestão Estratégica de Pessoas pela PUCPR, especialista em Pedagogia Empresarial e em Formação Docente e Tutoria em EaD, graduada em Letras pela PUCPR e psicopedagoga.

Foi orientadora do programa Agentes Locais de Inovação (ALI) do Sebrae-PR. Atuou como coordenadora da Agência de Inovação Uninter e como coordenadora adjunta do Curso Tecnológico Superior em Gestão Pública, no MBA em Administração Pública e Gerência de Cidades, no MBA em Marketing Político e Organização de Campanha Eleitoral e na Especialização em Sustentabilidade e Políticas Públicas na Escola de Gestão Pública, Política e Jurídica (EGPPJ) no Centro Universitário Internacional Uninter. Atuou como professora tutora convidada na Coordenação de Tecnologia na Educação (Coted) da UTFPR. Atuou como coordenadora de recursos humanos em empresa de engenharia com aproximadamente dois mil funcionários e cinco filiais pelo país (Angola – 2006 a 2010). Foi professora especialista na área de educação especial. Tem experiência na área de administração, com ênfase em gestão estratégica de pessoas. Foi docente nas áreas de gestão de pessoas, gestão de pessoas na Administração Pública, gestão da inovação e modelos de gestão. Tem experiência em processos organizacionais e estruturais em educação a distância (EaD), avaliações do MEC, PDI, projetos pedagógicos, implementação de cursos e metodologias EaD e capacitação e formação de professores em EaD.

Maria Tereza Ferrabule Ribeiro é mestre em Direito Cooperativo e Cidadania pela Universidade Federal do Paraná (UFPR), pós-graduada em Direito Trabalhista e Previdenciário pela Universidade São Judas e graduada em Direito pelas Faculdades Metropolitanas Unidas (FMU/SP).

Tem experiência em empresas de grande porte nacional e multinacional dos ramos metalúrgico e educacional. Na área educacional, tem experiência em gestões acadêmica, administrativa e comercial, em cursos de ensino técnico, superior e pós-graduação, nas modalidades presencial e a distância.

Também tem experiência em reestruturação de áreas educacionais e gestão de pessoas com implantação de universidade corporativa e programas de desenvolvimento e avaliação por desempenho e competência.

A experiência adquirida, além da formação em Direito, propiciou sólidos conhecimentos em legislação educacional e trabalhista consultiva e processual.

Tem vivência como docente, lecionando nas disciplinas de Direito do Trabalho, além de disciplinas com foco na área de recursos humanos para cursos de graduação e pós-graduação em Direito e Administração de Empresas, nas modalidades presencial e EAD.

Impressão:
Novembro/2017